中国城市居家养老的多元主体研究

祁　峰　林延鸿　著

图书在版编目（CIP）数据

中国城市居家养老的多元主体研究 / 祁峰，林延鸿著 . -- 北京 : 中国原子能出版社 , 2022.12

ISBN 978-7-5221-2441-4

Ⅰ . ①中… Ⅱ . ①祁… ②林… Ⅲ . ①城市－养老－社会服务－研究－中国 Ⅳ . ① D669.6

中国版本图书馆 CIP 数据核字 (2022) 第 231703 号

中国城市居家养老的多元主体研究

出版发行　中国原子能出版社（北京市海淀区阜成路 43 号 100048）

责任编辑　潘玉玲

责任印制　赵　明

印　　刷　北京天恒嘉业印刷有限公司

经　　销　全国新华书店

开　　本　787mm × 1092mm　1/16

印　　张　9.5

字　　数　201 千字

版　　次　2022 年 12 月第 1 版　　2022 年 12 月第 1 次印刷

书　　号　ISBN 978-7-5221-2441-4　　　　定　　价　76.00 元

版权所有　侵权必究

作者简介

祁峰：男，1965 年生，大连海事大学马克思主义学院，教授，博士生导师，主要从事马克思主义我国化研究。

林延鸿：男，1996 年生，大连海事大学马克思主义学院马克思主义理论专业博士研究生。

内容摘要

我国正步入人口老龄化社会，我国作为“未富先老”的国家，在照料、精神慰藉、医疗等养老保障制度不完善的情况下，如何解决养老问题不仅事关老年人、年轻人的切身利益，而且关系社会主义和谐社会的构建。

居家养老是适合我国国情的养老方式。通过对大连市沙河口区居家养老、上海政府购买居家养老服务、宁波非营利组织参与居家养老的调查、分析，居家养老应以上门服务为主、日托服务为辅，重点在日常照顾、物质帮助、精神慰问、医疗保健等方面，走生存、发展、享受相结合的发展之路，以较好地满足老年人的需求，同时适合社区的经济条件。

居家养老将在我国老年人养老中发挥重要作用。通过对邻国日本和最早建立社会保障制度的英国的养老状况的分析，认为英国的社区照顾有效解决了英国的养老需求。日本通过建立家庭护理中心，以及以社区服务为补充的养老保险制度，也很好地解决了日本老年人的养老问题。二者共同之处在于：重视家庭在养老中的作用及社区服务的辅助作用。我们应借鉴英国和日本的经验，结合我国人口老龄化及儒家文化特点，发展社区化居家养老服务。

居家养老需要建立四位一体支持网络。随着老年人从工作领域的退出，原有的社会关系土崩瓦解，重构老年人的社会支持体系势在必行。但无论家庭养老还是机构养老都无法满足老年人的养老需要。同时，世界各国都在进行老年人福利制度的改革，改革的趋势是福利多元化，其中如何恰当地界定政府、社区、家庭、非营利组织等主体的老年人福利功能，成为研究的热点和难点。通过分析，我们认为，家庭是最初的福利提供者，非营利组织和社区在福利提供者中发挥不可替代的重要作用，政府是老年人福利提供的主导者。各主体需要共同合作，为老年人提供各种社会支持，从而促进居家养老的发展，构建我国城市和谐居家养老体系。

目录

第 1 章　和谐社会与居家养老

随着老年人口的大量增加，探讨和解决养老问题既是我国人口老龄化的迫切需要，也是构建和谐社会的必然之举。研究和实践表明，居家养老能够寻求家庭养老和机构养老之间的平衡，通过整合政府、社区、非营利组织和家庭养老资源，使之有机结合起来，显示了居家养老的极大优越性。所以，居家养老能使老年人幸福地安度晚年，解决其养老问题，进而实现社会和谐。

1.1　养老保障的含义、作用、历史变迁

人口老龄化席卷全世界，养老保障在社会保障中占有的地位和所起作用越来越重要，它从根本上就是要解决由谁养和怎样养的问题，以保证老年人的晚年生活。但是采取什么样的养老方式不能由政府主观决定，而是取决于社会生产力发展水平，可以说，养老的内容是随着生产力的发展而不断发展变化的。具体地说，养老的方式经历了由“家庭养老”到社会综合养老的发展历程，养老的内容也经历了由经济上供养，逐渐演变到包含生活照顾、精神慰问等综合轨道上来。

1.1.1　养老保障的含义

养老是自从有人类就存在的一个重要社会问题，它关系到人类社会再生产能否正常进行下去。具体来说，养老包括以下几个问题：①养老责任主体是谁，即谁来养。这是养老的首要问题，养老就是养老资源的供给和需求。养老责任的承担者是养老资源的供给者，老年人是养老资源的需求者。影响“谁来养”的因素有两个：一是老龄化，由于低生育率、人口长寿等因素，出现家庭结构核心化问题，“421”家庭大量涌现，从而产生谁来负责养老问题；二是人口迁移使年轻人到国外工作或定居，或到父母所居住城市以外的地方工作，从而使老年人的生活照顾、精神慰问难以实现。②谁是老年人，即养谁。《人口学词典》认为，老年常常用来指大多数人在此时将要退休的那一生命周期，在此年龄以上的人，称作老年人。《现代汉语词典》是指六七十岁以上的年纪。西方人口学界普遍把 65 岁以上的人口称为老年人。由此可见，年龄在六七十岁以上，退出社会生产领域的人口就叫作老年人。③为什么要养，即养不养问题。养不养首先是一个道德、法律问题，我国法律规定，子女有赡养老年人的义务，同时在儒家文化中主张孝文化，要求子女为父母养老，这又是一个道

德问题;其次,在养老保障有限的情况下,它又是涉及老年人晚年生活的大问题。④怎么养。即养老的方式和途径。这是养老问题研究中研究最多的问题,目前强调家庭养老仍是我国养老的主要方式,社会养老的功能应逐渐加强,主张大力发展多元化的居家养老。⑤养得怎么样。即养老的质量问题,也就是老年人生活质量问题。它分为三个层次:第一,生存型养老,指衣食住医行等方面能获得最低保障的养老;第二,生活型养老,指基本生活能获得较好保障的养老;第三,发展型养老,指满足生活需要基础上,老有所为,老有所乐。以上是养老的基本问题,对这些问题的制度性安排就构成了养老保障制度。

一般认为,养老保障制度是社会发展到一定阶段的产物,是人类进入工业革命后,同社会化大生产相适应的养老方式。养老保障有广义和狭义之分,广义的养老保障既包括作为正式支持的养老保险制度,也包括作为非正式支持的其他制度,如家庭保障和社会服务等;狭义的养老保障仅指社会养老保险制度。对于养老保险,学术界代表性的定义:第一,按照国家法律规定,劳动者达到一定年龄,即依法评定丧失劳动能力,解除劳动义务,由社会给予一定的物质帮助;第二,公民年老,失去工作能力,按照法律规定,应该有权享受国家给予的一定数量的收入补偿和物质帮助;第三,养老保险是国家依法强制实施、专门面向劳动者并通过向企业、个人征收养老保险费形成养老基金,用以解决劳动者退休后的社会保障问题的一项社会保险制度;第四,它是指在政府立法确定的范围内,对达到法定年龄的社会劳动者,当其按照规定正式退出劳动领域后,由国家或用人单位为其提供社会保险补偿,以保障其基本生活需要的制度。

综合上面的定义,养老保险包含三层含义:第一,养老保障是在法定范围内的老年人完全或基本退出社会劳动生活后,由社会解决劳动者退休后的社会保障;第二,养老保障的目的是为老年人提供保障其基本生活需要的稳定可靠的生活来源;第三,养老保障是以社会保险手段达到保障目的的。

本书所说的养老保障取其广义之说,侧重于非正式支持。

非正式支持是指由子女、朋友、邻居、同事、志愿者、非营利组织对老年人提供的非营利性支持。通常来说,正式支持提供的是物质方面的支持,如养老金、医疗保障等。非正式支持提供的是日常生活照料、精神慰藉等方面的支持。根据马克思的需要理论,人首先是物质需求,其次才是精神需求,在物质保障需求尚未满足的情况下,尽管人们精神方面也有需求,还不能形成精神文化需求的饥渴。家庭支持是非正式支持中的核心部分,不但我国特别重视家庭的养老作用,其他很多国家(包括发达国家)也强调家庭的作用。瑞典兰纳思·约翰逊博士认为,尽管提供社会服务,帮助老年人居家养老是社会政策的一个重要组成部分,但是这样的认识一直在加强,即绝大多数家庭也提供照顾,而且许多老年人倾向于非正规照顾。1997 年第 16 届世界老年学大会将家庭支持作为一个重要的讨论项目,大会通过《阿德莱德宣言》,宣言指出:要把注意力放在社会或家庭单位上,而不仅仅只注重个人,认识到许多情况下家庭起着重要的、不可替代的作用。2001 年国际老龄学会五十周年大会指出,无论是发达国家还是发展我国家,在老年人生活中,家庭始终是一个中心话题。

通常情况下，正式支持与非正式支持是解决老龄化问题的两大支柱，但在如何认识非正式支持在整个养老保障体系中的作用问题上，有三种不同的观点。第一种，非正式支持是正式支持的补充。这种观点认为，养老问题主要是通过正式支持的途径解决的，而对于精神慰藉、日常生活照料等问题，需要非正式支持予以解决，非正式支持的作用在于能够补充正式支持的功能，发挥正式支持无法发挥的作用。第二种，非正式支持是一种与正式支持同等重要的支持方式。该观点认为，它们分属不同的系统，各有所重，各有所为，各有所需，各有所依，共同履行养老职能。第三种，非正式支持是无足轻重的支持方式。该观点认为，非正式支持不是主流的支持方式，尽管在发展我国家作用较大，但从长远来看，非正式支持存在的可能性较小，对其应听之任之，顺其自然。综合上述，笔者认为第二种观点较可行，因为无论是老年人的精神需求，还是健康需求、照顾需求，都离不开非正式支持的参与，尤其是在为老年人构建安全心理方面具有独特作用，能充分满足老年人的情感需要，加强老年人与社会的联系，这是正式支持无法做到的。这一点在以儒家文化为主体的我国以及受儒家文化影响较深的日本及新加坡等东南亚国家表现非常突出。

1.1.2 养老保障的地位和作用

养老保障是社会保障制度的重要组成部分，在经济社会发展中占有十分重要的地位，并发挥着举足轻重的作用。

第一，养老保障涉及面广。正如日出和日落，人的一生从出生到死亡，从蹒跚学步到耄耋老年是自然发展规律，每一个人来到这个世界都不可避免地经历从低龄到老龄的过程，每一个人都会面临养老问题，它与社会的每一个成员都息息相关，即养老保障是涉及面最广，与人口、经济和社会变动关系最密切的一个组成部分，养老保障越来越成为人们关心的核心问题。

第二，养老保障是我国逐步建立并完善社会主义市场经济的重要条件。我国建立的市场经济体制是以公有制为主体的市场经济。市场在社会主义国家的宏观调控下对资源配置起基础性作用，它的基本框架由五个方面的内容构成，其中之一就是建立多层次的社会保障制度，而社会保险是社会保障体系的重要组成部分，养老保障又构成社会保险的重要内容。事实证明，大力发展社会主义市场经济，能够促进社会生产力的迅速发展。但是，市场经济是一种风险经济，它的最大特点是竞争，优胜劣汰，因此市场经济使人们的生活充满不确定性，企业在激烈的市场竞争中既可取得成功，也可能因失败而破产。这就使社会很难承受由大批企业破产所造成的巨大社会风险。同时，养老保障体系的建立是国有企业改革提高经济效益的重要条件。改革开放之前，我国大多国有企业承担了社会的责任，实际上是一个“五脏俱全”的小社会，生、老、病、死，全部由企业负责。党的十四大后，企业从单纯的生产单位向具有自身物质利益的经济实体转变，作为市场经营主体，客观上要求减轻离退休人员等负担，这就要求建立和健全养老保障体系，把应由社会负责的事情管起来。企业必须缴纳社会保障的各项费用，不再承担由社会负责的事情，这样，企业才能集中人力、物力、财力搞生产，全身心投入竞争市场。

第三，养老保障是社会稳定和国家长治久安的重要保障。市场经济体系能够促进经济、社会的发展，但市场的动力机制同样是风险的制造和扩散的根源。国家如果不能妥善解决此类可能发生的问题，部分社会成员就可能构成社会不稳定的风险因素，社会秩序极可能因此失去控制，进而阻碍整个社会经济的正常发展。社会保障（养老保障）在一定程度上缩小了社会成员生活水平过大的差距，对收入较少而生活困难的社会成员提供基本的生活保障，以弥补市场机制的欠缺，从而使社会成员之间的相互关系得到协调，为创造安定的社会环境提供可靠的保证。同时对于国家建设辛辛苦苦工作了一辈子的老年人，以及遭遇重大疾病的人，养老保障可以使他们的基本生活得到可靠保证，有利于解除社会成员的后顾之忧，有利于激发他们对社会主义制度的热爱，从而把不稳定的因素消灭于萌芽状态。所以，体系完善的社会保障（养老保障）是国家安定团结、政治稳定、长治久安的战略性措施。很多人将社会保障（养老保障）称为“社会安全网”和“社会减震器”，是很有道理的。

第四，养老保障能加快城市化进程，促进经济的发展。加快养老保障城市化进程，促进经济发展表现在：①国家经济社会发展水平有一个很重要的衡量标准，即农民农业产值在总人口总产值占比重越高，经济社会发展水平越低。目前，我国农村还存在大量农村剩余劳动力需要转移，但在农村建立和健全养老保障制度之前，农民向非农业和城镇转移不会彻底。因为没有养老保障，农民虽不愿种地却又不愿放弃土地，这不利于农业实现规模化经营和城市化。要改变这种情况，必须解除农民的后顾之忧，建立健全农村养老保障制度。②养老保障能为国家发展积累宝贵的建设资金。按照国家、企业、个人三方负担的原则，实行社会统筹与个人账户相结合的方式，筹集保障资金，养老金本身具有长期储蓄的性质。数目巨大，管理和经营好，可为国家提供稳定的经济发展的资金来源。③养老保障具有调节经济发展的作用。在经济不景气时，提前退休人员增加，养老保障支出增加，从而使国家的货币收支维持在相对稳定的水平上，保证了消费，缓解了经济不景气的冲击；经济繁荣时，人们收入增加，养老保障基金积累增多，相对减少个人收入，同时退休人员减少，养老保障支出减少，可抑制需求，有利于经济稳定发展。所以，养老保障可起到经济发展“自动调节器”的作用。

第五，养老保障能促进人类的良好发展，推动精神文明建设。养老保障制度是人类社会发展的必然结果，是经济发展到一定阶段的产物，不但在经济发展中具有非常重要的作用和地位，而且有利于人类自身的良性发展，推动精神文明建设。首先，养老保障制度能保证大部分家庭有一个比较稳定的生活环境，不受意外打击干扰。对劳动者来说，因为老、病、伤、残，基本生活仍有保障，解除了后顾之忧；对老年人的子女来说，稳定的家庭和有保障的生活有利于他们接受正规教育和成长，有助于提高青年人的文化素质和科技水平，从而更好地为经济和社会发展贡献自己的一份力量。其次，养老保障制度真实体现了人与人互助友爱的良好品德。我国实行的是“统账结合”式养老保障制度，它集社会统筹和个人账户两者之优点，是养老保障制度的创新。除个人账户，我国养老保险基金不再划分为具体的个人账户，养老金计划取缴的养老保险费全部放在一个大账户中统一管理，企业和国家缴纳的保险费不具体记在每个职工的名下，退休职工的养老金由统筹基金支付，每个退休职工领取的养老金与其就业期间缴纳的养老保险费在数量上没有直接的对应关系。这既表现出社会公平，也充分反映出大多数社会成员对少数陷入困境者的责任、义务、同情和奉献。再次，一个国家的养老保障制度可以反映这个国家的精神文明和历史传统。社会保障（养老保障）越发达，精神文明越能得到体现，养老保障对精神文明的推动作用主要体现在：①培养集体精神。覆盖全体社会成员，涉及所有的人群和阶层，在社会这个大家庭里，人们打破私有观念和个人利益的思想禁锢，积极劳动，为社会创造更多财富，以增强社会共同体的物质基础。②促进社会互助精神的形成。社会保障通过税收为财源的社会救助，通过保险费为财源的社会保险，促进了社会互助。缴纳税费者不一定是享受者，或得不到对等享受，所以这其中包含了一人有难、大家帮助的社会互助精神。③发扬人道主义精神。社会保障主张生存权保障，特别强调为社会弱势群体提供帮助，它在促进社会尊重人、同情人，以及友爱互助、尊老爱幼等方面，有着特殊的功能，对整个社会发扬人道主义精神不可或缺。

1.1.3　养老保障主体的历史变迁

在不同的经济社会制度环境下，存在着多元化的养老保障主体及与相匹配的养老保障模式，家庭、政府、社区、非营利组织都可成为养老保障的主体。如同每个人都必须经历少年、青年、壮年、老年的人生发展过程一样，养老保障的主体也随着生产力的发展而不断变化，先后经历了氏族组织养老保障，家庭养老保障，个人养老保障，政府养老保障，社区、非营利组织养老保障，它们在经济社会中发挥了重要作用。

1. 氏族组织养老保障

在原始社会，生产力水平非常低下，生活资料极其匮乏，人类为了生存，只有依靠群体的力量，任何人都离不开自己所属的社会群体而独自生活，于是人类选择了氏族组织这种生存方式。人们共同生活在一起，共同劳动，共同分配，过着原始共产主义生活。社会成员的生存问题由氏族组织统一保障，其中很重要的就是弱势群体如何生存，这种方式或结构的功能之一便是有劳动能力的人去抚养小孩并赡养老年人。所以，在原始社会老年人的生活是能够得到较好安置的。因为氏族社会中的氏族长大都是年长者，年轻力壮之人或慑于权威，或出于尊重，听命于氏族长。总之，老年人的晚年生活得到较好的照顾。但是，由于产品极少及不断的战争，老年人的生活来源和这种原始的社会养老方式具有极大的不确定性，一旦发生自然灾难或不利因素，老年人的生活就面临着难以保障的危险。所以，原始社会氏族组织养老保障是低水平、不确定性的养老保障。

2. 家庭养老保障

随着社会生产力的进一步发展，以血缘关系为纽带的原始氏族部落开始分化成一个个家庭。家庭成为人类社会的基本细胞，家庭不但承担生产、消费，而且负担生育、抚养和赡养的职能。家庭在对老年人的赡养方面，是以代际的互惠为伦理基础的，父母和子女间相互帮助、相互关心、相互依赖，对父母而言，生养子女意味着老年时有所依靠，对子女而言，赡养自己年老的父母，也是为自己年老时得到下一代人的照顾而奠定道德基础，可以说家庭是养老的主体。

这种家庭养老模式是农业经济占统治地位的自给自足的小生产方式的产物，原始的劳动工具是自己的身体，最原始的劳动对象就是大自然。由于生产力发展水平低，商品经济不发达，人们的收入水平很低，这种农业经济发展模式决定了老年人对下一代年轻人的依赖性，因为老年人在自己劳动力时间所创造的财富也许仅够全家消费，不可能有大量的积蓄，所有社会必然需要一种养老保障来保障老年人的晚年生活。幼年时期依赖父母，老年时期需要子女，在农业经济中是十分普遍的现象，因此养儿防老便成为我国千百年来的祖训。

同时，家庭养老还和生产力发展水平较低、人们平均寿命不长有很大关系。在人类社会发展长河中，在很长时期内，人类社会生活在科学技术不发达、医疗水平较低下，战争、灾荒年代中，由此导致人们平均寿命很短，人生七十古来稀是当时社会真实写照，高龄老年人较少，养老自然不会成为一个社会性问题，而只是个别家庭遇到的特殊问题，当身体虚弱以后，一般很快去世了，即使需要护理，时间也较短。由此可见，家庭养老方式是和落后的自给自足的小生产方式紧密联系在一起的，它也是较低水平的养老方式。

3. 个人养老保障

简单的商品经济对货币资源的利用使个人养老保障成为可能。在简单商品经济中，货币主要用于消费，它是较大规模交换活动的必需品，是社会分工的产物。货币的出现意味着个人获得了可以在当前消费和未来消费之间进行交换的工具，从而在一定程度上能够脱离家庭生存，以货币储蓄的方式来保障自己年老时的需要。由此在家庭养老保障之外，个人自己养老保障出现了。

个人主体即老年人自身，既是养老支持的主体，也是享受养老支持的客体。在家庭养老方式中，老年人自身对自己的养老作用体现不出来，而是淹没在不分彼此的家庭生活中。随着市场经济的冲击，社会、家庭发生了重大变化，人们的观念更加市场化、现代化。家庭内部开始分你和我，强调独立性，老年人自身养老的作用凸现出来。研究结果表明，老年人自身经济状况、健康水平、人际关系，以及对资源拥有的多少，和老年人的生活质量密切相关，老年人的独立意识在现代社会中不断加强，他们不愿意依附于子女来养老。而且自我养老保障在西方社会中比较普遍，老年人自我养老保障主要包括两方面：一方面是老年人在年老前，把自己收入中的一部分用于储藏或购买商业保险，以备年老时生活所需；另一方面是老年人应尽量参加力所能及的生产经营，利用自己的知识、技术、经验，为社会发挥余热的同时，自己也可以赚取一部分收入，补贴自己的老年生活。因此，在家庭子女支持养老不足的情况下，大力强调老年人自身的养老主体地位，提高老年人自我养老功能，具有非常现实的意义，它会促使老年人树立起积极健康的老年养老价值观，通过自己辛勤劳动和主动缴纳养老保险和商业保险，谋求自身晚年幸福生活。

4. 政府养老保障

工业经济的发展使政府承担养老保障成为必然。工业革命促进了生产力的发展，整个社会因此发生了两个明显的变化：一是人口寿命普遍提高，老龄人口大量出现，老年人的养老日益成为社会问题；二是社会生产方式和劳动组织方式发生了翻天覆地的变化。这种变化首先造成劳动者，尤其是城市劳动者，基本依靠工资维持生活，使劳动者不能左右自己的经济能力，由此赡养老年人的能力不能由自身决定；其次，由于城市化的推进，就业因素、居家条件等的限制，子女对老年人的照顾受到许多条件限制，而使困难增多；再次，工业经济的发展对家庭的生产、消费、生活、赡养造成了巨大的冲击，由家庭成员共同从事劳动中的职责分工造成的家庭紧密结合一去不复返，生产对家庭结构的要求由必须条件渐进演化为非必须条件，不完全家庭日益增多。

基于以上，即不完全家庭大量出现，外出谋生、充当雇用劳动者，主客观条件的变化，使老年人与子女在一起生活的时间日益减少，直接导致老年人养老责任的变化，传统的家庭养老保障能力相当有限。面对大量增加的老龄人口和养老功能不断弱化的家庭，国家为了保障经济的有序发展，解决人们的后顾之忧，政府出面承担养老保障成为必然，家庭养老功能从家庭向社会特别是政府转移，最终建立了社会保障制度。

从各国实践经验来看，一般是由雇主和劳动者双方缴纳保险费，由国家直接负担另一部分保险费用，当政府和社会承担对老年人的养老保障功能后，养老保障成为一种社会养老保险制度。可以说，社会养老保障制度是社会发展到一定阶段的产物，是人类进入工业化社会后，同社会化大生产相适应的一种养老方式，它是由政府保证劳动者退出工作岗位后，获得物质帮助，保障基本生活需要的社会制度。

5. 社区、非营利组织养老保障

现代服务经济时代，社区、非营利组织成为养老保障主体。随着社会进入服务经济时代，养老保障主体进一步发生改变。人们在服务经济时代的需求已递进为社交的需求和自我实现需求，人与人之间的联系越来越紧密，人们的需求往往通过社会层次才能得到满足。在这个阶段，随着分工、专业化进一步演进，养老保障的主体不再是以政府、家庭为主，而应该是社区，尤其是社会中的非营利组织的全面介入，非营利组织成为养老服务供给的主体是必然趋势。世界上其他国家对社区老年服务的做法大都如此，政府以购买养老服务的形式出现，政府起到出资、规范、监督、管理和评估等作用，具体的实施则在相当程度上依赖于非营利组织。如果完全由政府负担，不仅是资源的浪费，也不利于效率的提高，由社区、非营利组织为老年人提供多元化的养老服务，能够满足不同层次老年人的需要，所以鼓励社会力量参与成为今后养老服务发展的必由之路。为此，国务院提出要培育社区服务非营利组织，开展社区志愿服务活动以鼓励和支持各类组织、企业和个人开展社区服务。

上述几种养老保障主体，以其各自特点，在社会经济生活中发挥着不同的作用。随着生产力的不断发展，新的养老保障主体将不断出现，但并不意味着以往的保障主体形式就消失了，因为它们各自的内驱力和社会环境要求有所区别。

1.2 我国人口老龄化对构建和谐社会的影响

1.2.1 和谐社会的科学含义

和谐是中华民族传统文化的精髓，是一种人文精神和价值理念，和谐社会是中华民族追求的理想社会。古往今来，无论是我国还是西方，人们一直追求社会的平等、安定、和谐，人类社会发展史就是人们追求美好社会理想的历史。我国历史上曾经产生过不少社会和谐的思想。孔子说“和为贵”，墨子认为“兼相爱”“爱无差”，孟子描绘了“老吾老以及人之老，幼吾幼以及人之幼”的社会状态。两千多年来，人们从不同角度提出“大同”社会的理想，反映了我国人民对和谐社会的向往和追求。社会和谐也是我国共产党不断追求的奋斗目标，毛泽东在《论十大关系》《正确处理人民内部矛盾的问题》等著作中，明确提出要处理好各种矛盾和社会关系。邓小平强调，社会主义就是消除两极分化，最终达到共同富裕。江泽民提出经济社会协调发展是我们社会主义建设的指导方针。党的十六大报告明确把社会更加和谐列为全面建设小康社会的一个重要目标，十六届四中全会进一步提出构建社会主义和谐社会的任务和主要内容。2006 年 10 月，十六届六中全会通过《中共中央关于构建社会主义和谐社会若干重大问题的决定》，全面深刻阐明了社会主义和谐社会的性质、指导思想、目标任务等，指出民主法治、公平正义、诚信友爱、充满活力、安定有序、人与自然和谐相处的总要求。民主法治，就是社会主义民主得到充分发扬，依法治国基本方略得到切实落实，各方面积极因素得到广泛调动。公平正义，就是社会各方面的利益关系得到妥善协调，人民内部矛盾和其他社会矛盾得到正确处理，社会公平和正义得到切实维护和实现。诚信友爱，就是全社会互帮互助、诚实守信，全体人民平等友爱、融洽相处。充满活力，就是能够使一切有利于社会进步的创造愿望得到尊重，创造活动得到支持，创造才能得到发挥，创造成果得到肯定。安定有序，就是社会组织机制健全，社会管理完善，社会秩序良好，人民群众安居乐业，社会保持安定团结。人与自然和谐相处，就是生产发展，生活富裕，生态良好。社会主义和谐社会的上述六个方面是相互联系、相互作用的。这六个方面既包括社会关系的和谐，也包括人与自然关系的和谐，体现了民主与法治的统一、公平和效率的统一、活力与秩序的统一、科学与人文的统一、人与自然的统一。这六个方面，内容十分丰富，既是社会主义和谐社会的科学内涵和总体特征，也是我们构建社会主义和谐社会的总体要求。党的十七大再次强调构建社会主义和谐社会的重要性，并对以改善民生为重点的社会建设作了全面部署。党的十七大报告明确指出："社会建设与人民幸福安康息息相关。必须在经济发展的基础上，更加注重社会建设，着力保障和改善民生，推进社会体制改革，扩大公共服务，完善社会管理，促进社会公平正义，努力使全体人民学有所教、劳有所得、病有所医、老有所养、住有所居，推动建设和谐社会。"

1.2.2 我国人口老龄化对构建和谐社会的影响

人口老龄化不仅是人口问题，更是经济、社会问题，它对我国社会发展，特别是对构建和谐社会具有巨大影响，具体而言，表现在以下几个方面。

第一，社会对老年人口赡养率将大幅度提高。我国人口老龄化已不可逆转，在这一过程中，老年人口的赡养率将大幅上升。现行养老保障运行的基本原理是在长期稳定的人口结构下，生产性劳动人口的退休养老费用将由下一代生产劳动者承担。很显然，老年人口的大量增加使老年人口的抚养率大幅度上升，这会造成在老龄化的高峰期，生产性劳动人口不能承担规模庞大的老年人口的养老费用，从而妨碍养老保障制度的运行，影响和谐老龄化社会构建。

当然，有人可能认为，我国老年人口抚养比虽然增加了，但由于孩子负担系数在下降，所以在我国人口年龄结构转型的过程中，人口抚养比会有一个下降期。然而，扶养老年人远比抚养孩子的费用高得多。即便是在我国人口年龄结构转变过程中总负担系数不断相对下降，但并不意味着社会负担的真实减少，恰恰相反，一旦我国老龄人口占总人口比重超过 15%，我国的这一优势将会消失，其总负担会大大高于发达国家。

第二，社会将大幅度增加养老保障费用。为了度过即将到来的人口老龄化高峰，1995年我国把长期实行的现收现付养老保险制度转变为统筹和个人账户相结合的部分积累制度。其中，社会统筹部分沿用现收现付制，个人账户部分采取积累制。从现收现付制度转到部分积累制度的过程中出现了转制成本，即隐性债务。隐性债务包括两方面：一是新制度实施前已离退人员的养老金。这部分人员的个人账户中没有积累，所享受的养老金成为历史债务；二是新制度实施前参加工作，新制度实施后退休的人员，他们同样无个人账户积累。由于隐性债务没有得到补偿，社保部门为维持养老体系正常运转，当社会统筹缴费不足以支付离退休职工的养老金时，直接挪用个人账户资金成为必然。更何况，随着我国老年人口的大量增加，其占国民收入的比重将有较大的增加，已经大大高于国民生产总值的发展速度。这笔费用将随着老年人口的快速增长而不断增大，虽然我国经济社会发展也比较快速，但是面对占世界总人口 22% 以及 25% 的老年人口来说，无论如何都不是一件轻松的事，必将面临极大的压力。

第三，传统家庭养老模式面临严峻挑战。我国历来有"养儿防老"的家庭养老传统，但随着人口的老龄化和少子化，传统的家庭结构发生变化，家庭规模小型化趋势愈加明显。

20世纪70年代，我国开始实行计划生育政策，如今几十年过去了，第一代独生子女正进入婚育年龄，他们组成的新家庭将接管社会，构成新的家庭生活模式，即“421”家庭模式，其家庭成员为4个老年人、1对夫妻、1个孩子。也就是说，1对夫妻要同时赡养4位老年人，抚养1个孩子。传统的几代同堂的大家庭正在日益减少，而由两代人组成的核心家庭正在逐渐成为现代社会家庭结构的主体模式。由于家庭结构日趋小型化，家庭养老护理功能日益削弱，越来越多的老年父母已不能和他们的成年子女住在一起。居住上的代际分离虽不一定会妨碍成年子女照顾父母，但地理上的隔离在客观上给成年子女照顾老年人带来一定的困难。同时，家庭规模小型化致使家庭内能够照顾老年人的人手减少，每个家庭成员照顾老年人的负担将会加重。此外，从家庭照顾者的状况来看，老年人日常生活照顾主要是配偶和子女，但提供主要照顾的老年配偶本人的健康状况也令人十分忧虑。加之现代生活节奏加快，年轻人的时间、精力、经济的承受能力有限，传统家庭养老模式受到冲击。家庭规模的小型化趋势无法满足家庭养老的老年人对照料需求的连续性和即时性，迫切需要开发新的养老方式，以满足老年人对养老越来越多样化的需求。

第四，机构养老服务压力增大。机构养老主要包括老年公寓、社会福利院、养老院、敬老院、老年护理院及其他养老设施。机构养老在我国发展时间并不长，是在解放后，为了解决孤寡老年人的生活问题，由民政部门设置的，属于社会慈善机构。我国养老服务发展严重滞后，难以满足迅速老龄化的养老服务需求，以养老机构和床位数为例，我国目前各类老年社会福利机构、养老床位满足不了老年人养老需要，平均每千名老年人拥有养老床位数和西方国家每千名老年人占有床位数相去甚远。

第五，医疗服务需求膨胀。老龄人口是医疗服务需求的较大群体，老年人消费的医疗资源是一般人群的3~5倍，年龄越大，对医疗服务的需求就越高，人的最后一年的医疗费用是一生中最大的时期。它和老年人口的患病率较高有关，也和老年人的疾病谱有关。老年人患恶性肿瘤、心脑血管疾病、呼吸系统等疾病的比重较大，这些疾病具有疗程长、愈后差、费用高的特点。在美国，9%以上的老年人所耗医疗费约占总费用的30%，美国医疗费用增长中，7%是由人口老龄化所致。1980年，日本65岁以上老年人的医疗费用是其他人群的4.6倍。在我国，人口老龄化和疾病谱变化一同作用的结果是，人均医疗费用的年增长率比人均国内生产总值的年增长率高2%，显而易见，人口老龄化是医疗费用增长的主要原因。医疗卫生需求增长的同时，养老服务的需求也在迅速膨胀。但是，由于家庭结构小型化，家庭养老功能逐渐弱化，难以满足庞大老年人的养老需求，特别是迅速增加的空巢家庭、带病家庭、高龄家庭的老年人的养老服务需求，导致了老年养老服务需求的膨胀。

第六，对家庭代际关系也会产生一定的影响。传统的养老做法是，家庭多生育子女，加之医疗技术不发达，老年人的寿命较短，所以子女照顾老年人的时间相对较短，子女供养老年人的负担也较轻。现在由于实行计划生育推动了小家庭的产生，由此导致“421”家庭大量出现，一对夫妻要供养双方的父母和抚养一个未成年子女，负担较重，这种负担不仅限于经济上，而且包括照料和护理老年人的时间支出。随着经济的发展，机会成本逐渐提高，照料老年人就意味着时间的减少，时间减少可能导致收入减少，收入减少又使下一代无法满足上一代的生活要求，两者产生矛盾。久而久之，子女就会对尊老爱老的道德观念产生排斥，视老年人为拖累的现象逐渐增多，两代人之间的矛盾将不断加剧。

1.2.3　居家养老是构建和谐社会的内在要求

实践表明，传统的家庭养老由于核心家庭增加，平均家庭规模减小，照顾老年人的家庭成员严重不足，机构养老收费偏高，管理和运营机制落后，缺乏人文关怀。而居家养老可以满足老年人的基本养老需求，减少代沟矛盾，有助于维护社会公平，符合我国现实国情和传统孝道观念。因此，居家养老对构建和谐社会具有重要意义，是其内在要求。

第一，居家养老符合我国传统的孝道观念，有助于维护社会公平。几千年来，我国以"孝"为核心的伦理道德，既是社会基本的道德规范、行为标准，也是养老文化的核心内容。儒家文化将"孝"道提到了人生修养的首要方面，作为人们义不容辞的责任。在我国古代，父母健在的子女擅自分家的要收重税，所以我国传统的家庭一直是复合家庭，这种家庭由已婚不分家的兄弟与父母构成，家庭结构以父子为轴心，父权是其基本特征。从家族来看，我国传统的家族是由同性父系宗亲组成的，有共同祖先和固定继嗣原则的血缘集团：个体家庭依附于家族，缺乏自身的独立性，家族内部血缘纽带坚实、亲属联系密切，并有崇拜祖先、敬重尊长、信赖族人的文化传统，因此供养范围较宽，涉及亲属面广，不仅家庭成员互相供养，对鳏寡孤独的老年人五服之内的直系和旁系血亲也有供养之责，若无五服内近亲，乡里远亲也应供养。这种观念在延续家庭养老功能方面发挥了巨大作用。尽管当今社会人们的思想观念发生了变化，核心家庭取代了复合家庭，邻里互助也被社会救助所取代，部分家庭养老功能消失。但是孝顺父母、尊敬老年人仍然作为社会传统而为人们所称道，几千年的文化不可能在短短几十年中就完全被抛弃，孝文化、尊老敬老、邻里互助的传统美德仍广泛存在于人民观念、行动中。居家养老作为家庭养老和社区服务相结合的养老方式，依赖于家庭、社会对尊老、敬老传统美德的发扬光大。在家庭中，子女对父母孝顺，对老年人关怀备至，不把老年人当"包袱"，而当成财富，尽自己所能为父母提供经济支持、生活照料、精神慰藉，使老年人共享经济、社会发展的成果，从而使老年人心理回归家庭，享受家庭温暖，延续了传统的孝道；在社区中，居家养老服务人员对老年人关怀备至，积极帮助老年人解决实际困难，这也是传统道德文化潜移默化的作用。同时，赡养老年人也是法律规定的义务，老年人过去为经济、社会发展做出了巨大的贡献，对子女也尽了应尽的抚养义务，当父母年老时，子女应赡养老年人，社会应反馈老年人，这既是法定的责任，又是合乎人类反哺的理性，有助于维护社会公平、正义。

第二，居家养老可以减少代与代之间的矛盾，符合老年人生活习惯。城市老年人退休前，他们的生活重心和生活场所主要放在工作上，精神生活除了家庭寄托，还有工作。退休后，老年人角色发生了转换，他们的心理和生活场所发生一定的变化，不再工作，回归家庭，主要的生活空间就是在其居住的家庭、社区范围内。而随着经济社会的发展，“421”家庭大量出现，生活在家庭中的老年人成了封闭老年人，老年人与社会联系的纽带主要是子女，而子女工作压力大，无暇顾及老年人，于是便产生了老年人需要人陪，子女没时间陪的矛盾冲突。而社区居家养老服务能够弥补子女照顾的不足，减轻家庭的生活负担。目前，我国的居家养老服务主要由社区提供，服务的主要内容是物质帮助、生活照料、精神慰藉等，其中主要是生活照料，分为日间照料和上门服务，包括打扫卫生、做饭、购物、洗衣、陪聊等。老年人生活由此得到了很好的照顾，精神得到慰藉。住在社会养老机构养老的老年人，远离自己生活的社区，平时难和家人见面，老年人经常感到孤独、寂寞，有被社会、家人抛弃的感觉，而且由于体弱多病极易死亡，老年人经常目睹同伴离自己而去，会产生额外的心理恐惧和精神压力。所以，老年人大多不愿离开自己熟悉的家庭、社区到机构生活。加之，居家养老不割裂老年人的社会网络，有利于老年人的身心健康，而且熟悉的环境能帮助老年人保持原有的生活习惯，与亲朋好友、家人的交流和互动使老年人精神愉快。“金窝银窝不如自己的草窝”，生动地反映了老年人的心愿。所以，居家养老符合老年人的生活习惯和心理需求。

第三，居家养老符合我国现实的国情，可满足人们的基本养老需求。首先，从现阶段来看，我国传统农业和现代化工业二元经济并存，生产力发展水平较低，经济发展质量较差，我国自 2000 年起已进入老龄化社会，我国人口老龄化与经济发展水平出现了严重不同步，即我国呈现“发展我国家经济发展水平，发达国家人口老龄化程度”之态势，发达国家进入人口老龄化社会人均国民生产总值一般在一万美元以上，而我国进入老龄化国家人均国民生产总值仅为一千美元左右。因此，我国老年人的养老缺乏国家强大经济实力做后盾，养老资源、照顾资源相对匮乏，社会养老保障机制不健全，覆盖面较小，社会养老保险水平较低，如何解决这些矛盾在于探索和建立能够与我国社会发展相适应的养老方式。只有采用居家养老，才能实现各养老方式的优势功能互补，才能和我国当前的生产力水平相适应。其次，和西方历史传统不同，在东方社会结构中，家庭构成社会生活的核心和基础，为家庭成员提供包括养老、医疗、生育、救济、福利等全方位的保障功能，东方家庭的异化和超稳定性结构在相当程度上抵消了工业化浪潮对家庭保障功能的削弱。因此，我国社会保障改革应当尊重和依托家庭保障的作用。但是，我们也应看到，家庭保障虽有“船小好调头”的优势，但也存在“难抗大风浪”的缺陷。历史上，一些原本颇有实力的家庭，只因家庭成员的病重或病逝而日益破落衰败的实例屡见不鲜，可以说家庭保障具有脆弱性的缺陷，这就对发展社会保障，使社区在社会保障改革与制度安排中发挥更为重要的作用提出了需求。而居家养老巧妙地将家庭和社会结合起来，既发挥了家庭的优势，又弥补了家庭的缺陷，非常符合老年人的恋家情怀，符合我国的国情。再次，我国当前的养老问题仅靠政府的力量发展养老福利事业不符合现实，即使发达国家也承担不了，有统计资料表明，设置一个养老床位的费用相当于 150 位老年人在社区内一年基本养老照料的费用。从经济学投入产出的观点看，依托社区的居家养老，成本较低、服务方式灵活，收益大，覆盖面广，既减轻了老年人及家庭的负担，又节省了养老资金的投入，是适应我国“未富先老”的人口老龄化特点的养老方式。总之，居家养老符合我国的“未富先老”国情，能够满足人们的基本养老需求。

第四，居家养老是具有创意的就业新形式。20 世纪 90 年代以来，我国出现了严峻的就业形势，如何解决剩余劳动力的出路是整个社会关注的社会热点问题，这其中大龄失业人员，尤其是女性失业者，就业更加困难。社区服务是潜力巨大、前景广阔的新兴产业，且随着社区服务的发展，必然要求更加专业的人员来参与这项事业，这样居家养老社区服务拥有巨大的需求市场，能够提供大量的就业岗位。大连市沙河口区推行居家养老以来，养护员岗位受到失业人员的欢迎，他们纷纷报名参加培训，争先恐后上岗，仅沙河口区中山公园街道就解决了几百个就业岗位，全区就是几千个就业岗位，居家养老已成为新兴的银发产业，为失业人员开辟了新的就业领域，是具有创意的就业新形式。同时，近些年，国有企业改革使许多低龄老年人未到退休年龄就从岗位提前退休，为减轻就业压力和减员增效做出了巨大贡献。对这些低龄老年人来说，不但收入下降，而且造成人力资源的极大浪费，把低龄老年人吸引到居家养老服务队伍中来，可增加其收入，使之在一定程度上实现经济上的自养，也可扩充居家养老的服务队伍，降低居家养老服务成本，对于我国未富先老的国情来说，具有特别重大的意义。

1.3 居家养老研究与展望

1. 国内研究综述

随着人口老龄化速度的加快，养老逐渐成为我国社会研究的热点问题。早在 20 世纪 80 年代中期，有的学者在研究家庭规模和人口流动时，发现我国家庭养老功能弱化，主张大力发展社会养老。到了 20 世纪 90 年代，学者又将研究的目光转向居家养老，但是学者在研究居家养老的过程中，某些观点差异性较大。国内部分专家和学者对居家养老的研究主要体现以下几个方面。

（1）居家养老的概念。对于什么是居家养老，学者进行了各自的界定。主要有袁辑辉的场所论；陈大亚的主辅论；穆光宗、姚远的结合论；全国老龄办的服务论；洪国栋的发展论；张卫东的环境论。一般认为，居家养老是指老年人在家中居住，由社会提供养老服务的一种养老方式，其以家庭为核心，以社区为依托，以老年人日间照料、生活护理和精神慰藉为主要内容，以上门服务和社区日托为主要形式，被广泛认为是符合我国国情的新型养老方式。

（2）居家养老的推进机制。我国推行居家养老已有十几年时间，目前在大连、上海、宁波等几个经济发达城市，已探索出了符合当地特点的居家养老机制。①大连的“居家养老院”。大连市沙河口区中山公园街道重视社会福利事业发展，于2002年9月在全国首创“居家养老院”，找到了适合我国国情的养老方式——居家养老。中央电视台、日本的《读卖新闻》等多家媒体报道了大连居家养老院的情况，认为我国找到了一条适合自己的养老方式，解决了世界性难题。民政部领导称其为“具有我国特色的养老新模式，具有创意的就业新形式”。②上海的“政府购买居家养老服务”。上海早在20世纪80年代就开始了居家养老的探索，经过多年的发展，积累了丰富的居家养老服务经验。上海最典型的做法是“政府购买居家养老服务”。对有特殊困难的老年人实施政府补贴。③宁波的“非营利组织参与居家养老服务”。宁波海曙区的社区建设一直走在全国的前列，2004年3月，海曙区选取了17个社区开展社区化居家养老试点，经过一段时间尝试，在全国率先搭建了“政府扶持、非营利组织运作、社会参与”的非营利组织参与居家养老服务的运行机制。

（3）推进城市居家养老的障碍。我国城市居家养老是一个全方位的养老体系，它涉及政府、家庭、社区、非营利组织等几个方面。因此，居家养老既需要从政治考虑，也要从经济、文化、道德上考虑。但由于我国城市居家养老处于起步阶段，居家养老服务与老年人的迫切需求存在差距，所以居家养老还存在许多问题，阻碍了居家养老的发展。第一，观念认识不到位，政策法规不健全。第二，居家养老参与主体单一，受惠面狭窄。第三，居家养老资金缺乏，筹资渠道单一。第四，居家养老服务设施不齐全，功能设置不合理。第五，居家养老服务人员素质差，水平低。

（4）国内城市居家养老支持体系。随着居家养老理论的提出和被广泛接受，人们越来越关注居家养老实施体系的研究，它成为理论研究和制度设计中的热点和难点。家庭是原始的福利提供者，非营利组织和社区是社会福利提供者，政府是主导性的福利提供者。所以，明确界定政府、非营利组织、社区、家庭的社会福利功能、地位，对发展和完善居家养老具有重要意义。在居家养老中需要政府科学掌舵、社区积极行动、非营利组织大力合作、家庭全力支持。

2. 国外研究综述

依托社区服务的居家养老在国外被称为社区照顾。社区照顾开始于20世纪50年代，起源于英国，最初是针对住院式照顾提出的。19世纪，英国建立了一些大型院舍，把无人照料的老年人集中起来，由政府兴办大型的福利院舍，集中供养和照料这些老年人，但是这些福利院舍通常和老年人生活社区分离，这样对老年人十分不利。加之受经济、财政的影响，政府难以承受数目庞大的福利支出，以及文化传统和福利多元主义的影响，撒切尔夫人领导的英国政府认为社会福利属于个人问题应由个人负责，反对政府提供周密、详细、全面的服务。而保守党政府大力倡导自助、互助为主的社区照顾。

社区照顾的含义：一是不使老年人脱离他所生活的社区，在本社区内进行服务；二是动员社区资源，运用社会人际关系资源即社区支持体系开展服务。社区照顾主要有“社区内照顾”“由社区照顾”两种方式。“社区内照顾”主要是指国家干预的规范性的养老照顾，由政府、公益机构等正式组织提供，如各类养老院；“由社区照顾”主要是通过道德或血缘关系维系的、没有国家直接干预的非规范性养老照顾，主要包括家庭成员、亲属、邻居、朋友、非营利组织等。总体而言，社区照顾泛指社区层面为社会上需要的老年人提供照顾及支援，尽量使老年人留在社区，在自己家中生活，而又能够获得必要的社区照顾。

社区照顾首先在英国实施，到1970年，社区照顾成为英国普遍的社会福利服务方式。此后，西方发达国家纷纷效仿，20世纪80年代走向成熟。国外对社区照顾比较注重应用性、实证性研究，并把提供优良的服务作为促进社区照顾的重要发展手段。总之，国外对社区照顾发展、体制的研究，无论在理论上、实践上都较国内成熟，对于我们实施居家养老有较大的参考价值。

3. 研究不足及展望

综合已有的相关研究，国内学者积累了一批文献和数据，对居家养老的概念、内容、运行机制、政策法规支持等，已经做了一定程度的研究。然而，我们仔细研究这些文献和数据，发现研究中重复论述大量存在，而且普遍存在以下几方面问题。

第一，居家养老支持体系研究不足。居家养老是一个系统工程，关系社会、文化、经济、政治等许多方面，既然社会化居家养老是我国养老的未来发展方向，那么居家养老的支持主体有哪些，他们在居家养老中的地位和作用如何，就成为必然要面对的问题，但实际研究中对这些问题关注比较少，或只关注某一方面。

第二，差异性研究不足。现阶段对居家养老的研究主要是对经济非常发达的上海、北京、宁波等城市的研究，由于我国各地区经济社会发展差异性较大，地区间生产力发展不平衡，这决定了实施居家养老不能以少数几个大城市的情况为标准，相关的研究应多元化。

第三，实证研究不足。对居家养老理论研究较多，而具体到各地具体实际情况研究较少，绝大部分是对统计数字的简单描述，没有进行深入分析。

第四，老年人养老需求研究不足。不同类型、性别的老年人有着不同的养老意愿和养老需求，实际研究中，主要集中于生活照料、医疗保健、精神慰藉等，对老年人养老需求差别的研究尚显不足，从而影响到为老年人提供符合自身需要的养老服务。

综合上述，具有我国特色的居家养老机制的发展和完善还有很长的一段路要走，实际研究中还有很多的工作要做。

第 2 章 我国城市居家养老的概念及相关理论

随着人口老龄化社会的来临，如何养老成为专家、学者广泛关注的社会问题，这是由养老在经济、社会发展中的地位和作用决定的。一般认为，养老模式的形成是由生产力发展水平、家庭结构、社会结构等多方面因素决定的，它在不同的社会和历史发展阶段各不相同。但随着社会的发展，任何一种单一的养老方式都不能满足老年人养老的需要，需要建立由个人、家庭、社区、国家共同支持的养老保障网络——居家养老。根据相关研究，各国老年人居家养老（社区照顾）比比皆是，其比例超过 90%，发展社区层面的社会化养老服务已成为国际社会解决老龄化问题的共识，成为许多国家和地区养老方式的重要内容。

2.1 我国城市居家养老的概念

2.1.1 居家养老的产生与发展

居家养老在我国的提出是近十年的事情，但它不是新发明，而是在西方发达国家提出的社区照顾理论基础上发展起来的，是社会化福利服务的一项重要内容。

社区照顾始于 20 世纪 50 年代，它是英国推行社会化服务的一种方法，社区照顾最初是针对住院式照顾而提出的。英国原来对老年人和心理残障的病人，是通过设立大型福利设施，实行集中供养、照料这种方式进行的，这种福利设施给予受助人良好的照料，但这种照顾脱离了受助人生活的社区，不利于其正常的生活和身体康复。而且长期居住者产生了依赖性，渐渐失去了重新适应社会的能力，因此崇尚人权的英国社会发出让居住者回归社区的呼声，英国政府因势利导，鼓励社区发挥养老功能，经过几十年的推广，社区照顾已成为英国养老服务的最主要方式。

我国的老年社会福利和我国的经济、社会发展密切相关。改革开放前，企业办社会福利是我国福利体系的核心内容，养老主要落在企业身上，随着我国社会主义市场经济体制的确立和发展，国有企业甩下了企业办社会福利的包袱，我国社会福利改革开始。1985 年召开全国社会福利会议，提出城市民政工作的重点是建立社会化的福利制度，要求在街道建立“社会福利服务网络”，这次会议首次将民政部门的工作纳入社会化的服务之中，从而为社区居家养老的提出奠定了一定的组织和管理基础。1987年，我国民政部首次提出了“社区服务”这一概念，并提出了建立和完善社区服务体系的发展目标，从此我国社区服务获得了飞速发展，同时，社区居家养老服务呼之欲出。1995年，民政部颁布了《社区服务示范城区标准》，全国各大城市掀起争创“全国性社区服务示范城区”高潮，广泛开展了以老年人活动中心、老年人俱乐部、老年人日常生活照料、家政服务为主要内容的养老服务活动。1998年4月，福建厦门举办“全国家庭养老与社会化养老服务”研讨会，在闭幕式上，会长张文苑做了重要讲话，认为“居家养老是我们在思想认识上的一次飞跃，是传统家庭养老的历史延伸。我们要坚持和完善家庭养老，积极创造居家养老的新环境”，还指出“居家养老”是一种与机构养老相对的养老形式，这种模式，家庭养老可以用，社会养老可以用，机构养老为主、社会养老为辅，也可以用。目前我国还处于由家庭养老向社会养老的过渡阶段，完成这个过渡需相当长的时间，在当前社会和今后一个相当长的时期都是以“居家养老”为主。此后，在一些经济比较发达的城市开始自发“居家养老”试点。2002年9月，大连市在全国首创“居家养老院”，中央电视台、《纽约时报》、日本的《读卖新闻》等多家媒体相继报道了“居家养老院”的情况。美国驻沈阳总领事、日本养老问题专家多次考察并给予高度评价，认为“我国人找到了一条适合自己的养老方式，解决了一个世界难题”。民政部领导称之为“具有我国特色的养老新模式，具有创意的就业新形式”。

2008年，民政部部长李学举指出，“要积极开展全国养老服务社会化示范活动，制订创建标准，广泛开展多层次、多形式的居家养老服务”，居家养老服务工作成为民政工作的热点。2007年2月，我国老龄委在杭州举办全国居家养老工作经验交流会，会上专家就如何推进居家养老进行了热烈讨论，这标志着我国政府对老年人的关注角度由补救性向发展性、预防性发展。2008年2月21日，全国老龄办、国家发改委、劳动和社会保障部等10个部委提出，要全面推进居家养老服务。从此，居家养老作为一种新的养老方式，它以家庭养老为形式，以社区养老服务网络为基础，以国家制度政策法律管理为保证，家庭养老和社会养老相结合在全国全面推广。就我国城市居家养老而言，上海市、宁波市、杭州市、南京市鼓楼区、大连市沙河口区等地的养老服务走在了全国的前列。

2.1.2　居家养老的含义

随着人口老龄化程度的不断提高，我国老年人口数量日益庞大，养老问题日益突出，并且逐渐成为当今社会的热点。早在中华人民共和国成立前就有学者开始涉足养老问题，但真正全面研究养老问题始于20世纪80年代。20世纪80年代中期，有的学者在研究家庭规模和人口流动时，发现我国家庭养老功能弱化，主张大力发展社会养老，如建立养老院、敬老院和老年公寓等各种养老设施机构。20世纪90年代，学者又开始把目光转向社区居家养老、各种国家的及商业的养老保险、社会化助老服务等，这一波研究热潮可谓方兴未艾。遗憾的是大部分学者在对居家养老研究的过程中，各种提法和观点差异性较大，同一概念很难达成共识，即使是最重要的居家养老概念也是如此，根据笔者所查到的研究论述资料，居家养老概念有下列表述。

第一，场所论。认为家庭是居家养老的主要载体，养老和家庭有非常密切的关系。杨宗传在《居家养老与我国养老模式》一文中论述说："居家养老概念较准确地反映了老年人养老的居住形式。何谓居家养老？居家养老就是指老年人分散居住在自己的家庭养老，而不是集中居住在养老机构养老。"张良礼也认为："居家养老就是以'家'为养老平台，以相对固定的社区环境为养老基础，政府、社会、家庭等几个方面的力量在'家'这个平台上施展各自不同的作用。"袁辑辉在《养老的理论与实践》一文中也是这种观点："家庭养老与社会养老是相对于养老资金来源而言。如果养老资金源自家庭，由家庭成员提供，就是家庭养老；如果养老资金来自社会，由社会通过养老金或社会救济金等形式提供就是社会养老。居家养老与入院养老是对于养老场所而言。如果家庭是养老生活的主要场所，则是居家养老；如果以养老院或老年公寓等作为生活的主要场所，则称为入院养老。"

第二，主辅论。认为家庭养老在居家养老方式中占主导地位，而社会养老则居于次要位置。陈大亚认为："所谓'居家养老'，就是以家庭养老为主、社会养老为辅的养老模式。就是要积极调动社会各方面的力量，组成一个最符合老年人意愿的、最有利于保持和加强老年人自立能力的、最切实可行的和最有效的养老保障体系。建立一个最有助于社会持续发展的养老模式，最终形成一个以家庭为核心、社区养老服务网络为外围、养老制度为保障的居家养老体系。"1998年4月张文范在厦门举办的全国家庭养老社会化养老服务研讨会闭幕上的讲话，也表达了相同的意思。他认为："居家养老就是以家庭养老为主、社会养老为辅的养老模式的总称，就是要积极调动社会各方面的力量组成一个最符合老年人养老意愿的、最有利于保持和加强老年人自立能力的、最切实可行和最有效率的养老保障体系，要建立一个最有助于社会发展的养老模式。"

第三，结合论。认为居家养老是把家庭养老和社会养老相结合的一种养老模式。穆光宗认为养老模式可以分为家庭养老、社会养老和自我养老。这些养老模式的区分主要是看由谁来供养，在现实中往往是多种模式的混合：居家养老是家庭养老和社会养老的有机结合。陈军在《居家养老：城市养老模式的选择》一文中，认为："居家养老是家庭养老和社会养老的有机结合。其基本内容是：劳务养老由社会承担，精神生活养老由家庭承担，物质方面养老由国家、集体和个人共同承担。"唐仲勋在其《全国家庭养老与社会化养老服务研讨会综述》一文中指出："新的养老模式的总称应该是家庭养老与社会养老相结合、居家养老与社区服务相结合的形式"。穆光宗、姚远联合发文总结为："居家养老是建立在个人、家庭、社区和国家基础之上的，它是以居家养老为形式，以社区养老网络为基础，以国家制度政策、法律管理为保证，家庭养老和社会养老相结合的养老体系。"

第四，服务论。认为居家养老的老年人接受社区的全面服务。2008年全国老龄办下发《关于全面推进居家养老服务工作的意见》中，将居家养老定义为：政府和社会力量依托社区，为居家养老的老年人提供生活照料、家政服务、康复护理和精神慰藉等方面服务的一种服务形式。它是对传统家庭养老模式的补充与更新，是我国发展社区服务，建立养老服务体系的一项重要内容。刘笠萍在《城镇养老的现状及对策》一文中也认为："居家养老不同于家庭养老。家庭养老是指老年人完全由自己的子女负责赡养和照料。居家养老则是指老年人依然可以生活在自己所熟悉的住所和环境中，政府可以不必花过多的钱建集中的养老机构，只需在老年人生活的街区范围内，实行各种社会服务，给老年人提供购物、清扫、护理等全方位的日常生活照料。居家养老是目前在我国不少城市备受青睐的一种新型的养老方式，以社区网络化养老服务为主要内涵的居家养老必将是未来养老的主要模式，老年公寓等将是其必不可少的补充和辅助形式。"

第五，发展环境论。认为居家养老是在经济社会发展水平非常高的背景下发展起来的，只有那些经济发达国家，经济赡养和生活服务都已社会化，才能实现居家养老。它以洪国栋为主要代表，洪国栋认为："与农业社会相适应的养老方式是我们大家所熟悉的，叫作家庭养老。居家养老并不是家庭养老，居家养老是近年来在长期进入人口老龄化国家首先提出的一个新概念。这里的'家'是指养老的一种载体，与建立在家庭经济基础上的家庭养老是有本质区别的。这时的'家'与家庭养老的'家'已经有全然不同的含义了。因为这时老年人养老的经济来源不是依靠家人和子女，而是政府发给的退休金，生活照料和精神慰藉大部分也来自社区和邻里所提供的各种服务。居家养老是发达国家社会保障有了充分发展的情况下提出的。这种居家养老并不是家庭养老而是社会养老的一种方式。发达国家提出'回到家庭中去'实际是提倡一种'居家养老和社会服务'相结合的养老模式。"环境论者则认为居家养老的家需要良好的社会环境。张卫东认为："居家养老模式'家'不是一个物理空间概念，而是具备人际关怀、情感交流，同时具备物质养老和精神养老条件的社会环境。缺乏心理沟通和精神抚慰的'空巢'家庭，则不符合居家养老模式中的'家'的概念含义。"

综合以上各种观点，结合我国居家养老实际情况，本书认为居家养老就是指政府依托社区，利用非营利组织资源，通过建立专业化的养老服务机构，为居家老年人提供生活照料、精神慰藉、医疗保健等福利服务。其主要服务方式是在社区创办老年服务中心，身体健康的老年人可直接到服务中心就餐、娱乐、日托；部分或全部丧失生活能力的老年人，服务中心派专业人员上门提供服务。它是政府、社区、非营利组织、家庭相结合的现代养老方式。

从国内学者对居家养老问题的研究中发现，在对居家养老所属范畴上，存在着把居家养老等同于家庭养老，或把居家养老与家庭养老的区别扩大，以及把居家养老和机构养老仅看作一个空间概念等认识上的误区。

有的学者把居家养老与家庭养老等同化，认为两者的内涵是相同的，其实不然。首先，家庭养老是指老年人晚年生活的经济来源、生活照料、精神慰藉等由自己或家庭子女来承担，而不是由社会承担，即由谁承担问题；居家养老则是指老年人养老是在自己的家庭，不是住在养老机构，即首先要居住在自己家中或社区创办的老年之家、托老所等，而且由社区提供养老服务，居家养老是家庭养老和社区服务相结合的养老方式。其次，由家庭提供养老经费的老年人，可能是居住在自己的家中，也可能是住在养老机构，即家庭养老不全是居家养老，也可能是机构养老；居家养老的老年人，养老经费可能来源于家庭，也可能来源于社会赞助，即居家养老不都是家庭养老。再次，居家养老是老年人养老的一种方式，主要是就养老的居住方式而言的。家庭养老也是养老的一种主要方式，但它是就养老费用和生活照料由谁提供或承担而论的，是相对于由社会供养的一种由家庭供养的养老形式。

有的学者认为居家养老和家庭养老有本质区别。这种认识也存在一定的误区。居家养老和家庭养老没有本质区别，它们有许多共同点：首先，家庭养老的老年人绝大部分居住在家中，而居家养老的老年人也是住在家中或社区开办的老年公寓、托老所；其次，从养老费用来源看，家庭养老的老年人养老费全部由自己或子女提供，居家养老的老年人的养老费大部分由家庭子女或自己提供，少部分由社会提供或赞助；再次，从老年人日常生活照料来看，家庭养老主要由自己或家庭提供，居家养老除了子女照料，还由社区派出人员提供助老服务。所以，居家养老和家庭养老从不同方面反映了养老方式的特点，居家养老和家庭养老既有区别，也有联系。

有的学者认为居家养老和机构养老只是养老地点的形式问题，居家养老的家只是一个空间概念，实则不然，研究居家养老、机构养老不仅是研究老年人养老居住场所、地点，更主要的是揭示其所反映的社会关系。居家养老和机构养老各自的特点是：居家养老主要是分散在自己的家庭养老，老年人同有血缘、婚姻关系的人一起居住、生活，由自己或家庭子女自由地安排自己的生活，除了子女照顾老年人，社区助老服务承担了很大一部分；机构养老是老年人集中居住在社会养老机构养老，共同居住、共同生活，老年人的生活由养老机构负责，并由经过专门训练的人员提供服务，包括老年人的生活照料、精神慰藉全部由养老机构负责。这些不仅仅是简单的空间问题，更重要的是反映老年人与社会的诸多方面的关系。

2.1.3 居家养老的基本内容

居家养老主要涉及物质保障、生活照料、精神慰藉、医疗保健等方面，以实现老有所医、老有所乐、老有所学、老有所教、老有所为的目标。

1. 物质保障

老年人的物质保障就是老年人的经济保障，它是老年人的基本需求，目前我国老年人物质保障的主要来源有养老金、儿女的资助、国家和地方政府的补贴等。在城市中并不是每个老年人都有社会养老保险，即使是能够领取到养老金的人，要么养老金比较低，要么养老金没有与物价挂钩，退休金的提高滞后于物价的上涨，生活质量也会受到高物价的冲击，所以经济上离不开子女的照顾和社会的关怀。但如果是三无老年人及其他特殊困难的老年人则麻烦更多，所以居家养老的物质帮助并不惠及所有老年人，主要针对的是三无老年人、困难老年人、残疾老年人及高龄老年人。各地的情况不同，所出现的形式也不相同，主要是根据当地的生活水平、经济条件、物价情况决定发放数量，一般在100~500元。2003年，上海开始推出“居家养老服务券”，由政府购买，服务的对象为：一是困难老年人，补贴标准每人每月100~250元；二是特殊贡献老年人，如市级劳动模范，补贴每人每月50~250元；三是80岁以上老年人，补贴每人每月100元。大连市采用代币券的形式向特困老年人定期发放，老年人持券可以到所在社区购买服务。成都市成华区规定三无老年人、困难“空巢”老年人、残疾老年人每年免费到助老爱心超市领取生活必需品。

2. 生活照料

日常生活照料是目前许多老年人面临的主要问题，它是保障老年人基本生活的前提，随着人口老龄化和家庭结构的变化，空巢老年人和需要照顾的老年人越来越多，特别是对于生活不能自理的老年人，日常生活照料尤其重要。目前的生活照料针对老年人的自理情况分为日间照料和上门服务。日间照料由社区服务中心或社区养老资源站提供场所，将无人照料的老年人送到此处接受照料，为老年人提供就餐、护理及一些集体娱乐活动，还有老年饭桌，是由社区为解决老年人的一日三餐而设立的，天津、北京、上海等大城市均有尝试。这种服务项目能否形成一定的市场规模，主要受价格定位的限制。上门服务是对居住在自己家中，有部分生活能力，但又不能完全自理的老年人提供的一种服务。其主要方式有：第一，家政服务。包括上门送餐、洗衣、陪护、居室卫生、医疗康复、购物、理发等。这些项目发展较慢，对除特困老年人以外的其他老年人要收取一定的费用。由于宣传不到位，还没有被多数人认同。第二，邻居互助。即在独居老年人家中或生活不能自理的老年人家中，安装通往邻居家的门铃，老年人有事按门铃找隔壁邻居帮忙解决。这种邻居互相照顾的现象在我国农村和城市四合院较为常见，随着人们大量居住住宅楼，邻居间的互助越来越少。天津打破楼房的局限，成功开发出邻居照顾资源，实施“救助门铃工程”，动员邻居之间开展更多互助活动。第三，无围墙养老院。即将养老院提供的家政、医疗服务扩大到整个社区。北京西城区以住宅楼门为单元，由楼门组长联络老年人和社区积极分子组成助老服务小组，按照个人特长和志愿，与本单元需要照顾的老年人结成“一帮一”服务对子，每个单元成为一个居家养老点，全社区的居家养老点联合在一起，就成为无围墙敬老院，它能将服务的触角延伸到每个需要帮助的老年人家中。

3. 精神慰藉

现代社会的家庭日益小型化，而且有的老年人喜欢独自居住，即使和子女共同居住，往往由于子女工作忙，根本无暇和老年人进行情感交流。而老年人更需要精神上的安慰，但老年人单纯依赖家庭以满足情感需求已不现实，社区环境便成为家庭空间的最佳补充，街坊邻居之间的交流可以减少老年人对子女的依赖，即使子女不在身边，老年人也不会感觉过分孤单。这项服务主要针对那些无子女的老年人及亲人不在身边的老年人和特别孤独的老年人。社区向老年人提供精神方面的服务主要包括两个方面：一是老年人由于生理和心理的原因，思想负担较重，情绪不稳定，往往容易产生寂寞凄凉、悲观厌世、古怪稀奇的情绪，给社会、家庭带来不利的影响。社区负责承担咨询教育、精神慰藉的工作，使他们摆脱困难，提高生活的信心、决心。天津市南开区通过在街道办事处设立聊天站，吸引了许多老年人到站里消愁解闷。和平区兴安路街还专设陪聊员，设立专门小组，有针对性地解决老年人们的心理、生活难题，其他街道又成立了老年人“知音站”“舒心会 ”“谈心小组”等。二是随着生产力的发展和人民生活水平的提高，丰富多彩的文化生活成为老年人的迫切需求，文化体育活动所带来的乐趣有利于老年人身心健康，社区为老年人提供了多方面的服务，包括选派钟点工为老年人读书、读报、文化交流、旅游等活动，为老年人提供社交场所与服务，建立多种形式的娱乐活动场所，如游艺室、棋牌室、健身房、电影院、老年大学等，举办书法、棋牌、歌咏、秧歌队、太极拳等社团活动。这些措施虽不能从根本上完全代替子女与父母之间的情感交流，但至少可以减少一些矛盾。

4. 医疗保健

医疗保健服务指的是在社区开办医疗服务中心，根据老年人的生理特点开设老年病治疗门诊、保健站、康复中心等，加强对老年病的预防知识宣传和普及健康保健知识，提高老年人的身体健康状况。人到了晚年，健康问题凸显出来，各种老年慢性病和突发病困扰着老年人。我国大多数老年人由子女照顾，而他们既要工作，又要抚育子女，还要侍奉老年人，压力之大可想而知，而且许多老年人所患病是慢性病，不适合在大型医院及其他养老机构长期护理和调养，这就迫切需要社区建立简易护理设施和家庭病床。就世界范围而言，卫生服务方式正由医院向社区卫生服务方向转变。我国政府已认识到发展社区卫生服务的重要性，社区的慢性病防治和老年保健工作日益受到重视，不同服务类型社区卫生服务兴起，功能齐全，方便老年人的卫生服务网络正在构筑之中。我国社区居家养老医疗保健服务形式主要有：第一，老年家庭病床。1999 年，我国第一批全科医生在北京中关村医院家庭医生服务中心产生，仅仅半年时间，有 1000 多户老年人家庭与服务中心签约，家庭医生对慢性病人和康复期病人提供医疗康复、预防保健、健康咨询等服务。同年，上海浦东还建立了以社区老年人为对象的家庭健康责任制。第二，老年社区医院。为老年人在社区开设优惠服务的诊所。北京东城区建立社区医院，凡是老年人均可优先挂号、就诊、化验、治疗。北京北新桥社区医院组织了“社区医疗大篷车”活动，走村串巷，上门提供服务。第三，社区居委会、医院为老年人提供保健服务。举办各种保健讲座，讲解慢性病防治知识等。

2.1.4 居家养老的方式

如前面所述，居家养老之中的“家”和传统的“家庭养老”模式中的“家”含义有较大的差别，居家养老中的“家”的外延意义更宽广，更具开放性，它将“家”的含义扩大到老年人所居住的“社区”这个更广义的家庭概念上来，社区成为居家养老的重要组成部分，为居家养老的老年人提供服务。根据子女是否和老年人住在一起，将居家养老分为合居式居家养老、分居式居家养老、独居式居家养老。

第一，合居式居家养老。主要是指子女和老年人居住在一起。这种养老方式的好处是老年人和子女共同居住，可以互相帮助，在老年人身体状况允许的前提下，老年人可以帮助子女照看孩子、洗衣做饭、收拾家务等。由于和子女、孙辈生活在一起，老年人可以获得很好的日常照料和精神支持，各取所需。合居式居家养老方式在现代社会中占比较大的比例，而且老年人年龄越大比例越高，通常城市老年人愿意和子女居住在一起，在笔者所做的调查中，有高达50%的老年人愿意和孩子住在一起。在合居式居家养老中，社区为老年人提供的服务多是临时性的服务。①日托服务，子女白天上班工作，无人照料老年人，就将老年人送到社区托老所，老年人在托老所可以和朋友下棋、聊天，参加各种娱乐活动，中午直接在托老所就餐，晚上将老年人接回。②暂托所，因家人出差或度假，无人照料的老年人便可送到暂托所，由工作人员代为照顾，时间可以是几天，一般不超过两周。③老年人餐桌。自己不能做饭的老年人可以到社区的老年食堂就餐，或者要求提供送饭上门服务。这种养老方式和传统家庭养老模式的不同之处在于，家庭养老的老年人经济供养、生活照料、精神支持全部由子女完成，而此种养老方式除由子女提供，也可由社会提供。当然，合居式居家养老，必须子女愿意和老年人住一起，同时居住条件还能够满足双方能够住在一起。

第二，分居式居家养老。主要指子女和老年人不合居在一处，双方各有居住之地，互不干扰。老年人和孩子不愿生活在一起，一方面，由于老年人和年轻人所受教育、思想观念、生活习惯不同，代沟明显，如老年人喜欢早睡早起，年轻人则喜欢晚睡晚起，老年人喜欢节俭，年轻人喜欢超前消费等，如长久生活在一起，难免会出现矛盾，尤其是婆媳问题；另一方面，改革开放以来，我国的经济有了长足的发展，社会保障事业突飞猛进，在城市已建立了基本社会养老保险制度，老年人能够实现经济上的独立，城市住房制度改革使老年人获得了属于自己的产权房，客观上为分居式居家养老提供了良好条件。从城市分居式居家养老情况看，往往是老年人和子女住得比较近，要么是老年人跟随子女，在其居住之地附近买房，要么是子女跟随老年人在老年人居住附近买房，这样既可以让老年人和子女保持比较近的距离，双方又有各自生活空间，方便经常互相探望，有事时互相照顾，能够更好地尊重对方，正所谓距离产生美。当然，分居式居家养老要求老年人和子女有合适的住房，也就是对居住条件有比较高的要求。因此，政府在制定小区规划和房地产开发商建房时，要充分考虑这一点，在普通住宅小区内建立小面积的住房，满足分居式居家养老对住房的要求。分居式居家养老，除了子女经常上门关心照顾老年人，社区可为老年人提供的服务主要有：日常照顾，包括上门送饭、做饭、打扫居室卫生、洗澡、理发、购物、应急电话服务等；医疗保健服务，家庭医生上门为老年人看病、病中护理，在社区内开设老年门诊、家庭病床、保健中心、老年康复保健站等。

第三，独居式居家养老。分为两种类型，一种是指老年人无子女，与配偶或独自一人居住在家里，另一种是指老年人虽有子女，但子女在国外居住或在另一个城市居住，而不能照顾老年人。这种独居式居家养老的老年人通常是社区帮助的重点对象，他们虽符合入住养老机构条件，但更愿意在自己熟悉的家中生活，与社区的朋友聊聊天，说说话。在经济供养方面，他们有的需要政府的补助，在日常生活中，他们所需要的养老服务是多方面的：对有完全自理能力的老年人，社区在其居住的家中，设有“生命线”，一旦老年人有事或身体感到不舒适，只要拉动“生命线”就可获得社区救助。有部分具备生活自理能力，但又不能完全自理的老年人，社区为其提供打扫居室卫生、上门做饭、洗衣、购物、陪同外出、看医生等服务；生活不能自理、卧病在床的老年人，社区提供全方位照顾。老年人由于无子女或子女不在身边，通常会比较孤独，更加渴望人与人之间的交流，更需要心灵的慰藉，社区派经过专业培训和辅导的工作人员到独居的老年人家中陪聊，通过交谈和倾听，和老年人沟通，化解老年人心中的苦闷和烦恼等。

2.1.5 居家养老的基本特征

居家养老是家庭养老和社区服务相结合的一种养老方式，具有家庭养老和社会养老的基本特征。目前在我国城市试点、实践过程中，发现居家养老是适合我国现阶段具体国情的一种养老方式，它建立起一条以家庭为核心，依托社区，通过专业化服务，为居住在家中的老年人提供日常生活各项服务的服务链。这种社区居家养老方式不仅着眼于分散的家庭照料，而且着眼于社会为老年人提供养老服务；不仅着眼于家庭养老的经济来源，更着眼于老年人的精神慰藉和身体健康。综合而言，居家养老具有以下基本特征。

第一，居家养老具有养老功能全方位性，也就是居家养老能满足老年人在养老过程中的各方面需要。马克思对人的需要进行了深入研究，他认为人的需要，尤其是老年人的需要包括生存需要、享受需要、发展需要和精神需要四个方面。人本主义心理学家马斯洛则认为，人的需要（也包括老年人的需要）是由低级到高级、由简单到复杂的需要体系，包括生理需要、安全需要、交往需要、求知的需要、审美的需要、自我实现的需要等。老年人的养老生活有多方面的需要:物质帮助、生活照料、精神慰藉、医疗保健等，涉及衣、食、住、行、乐、为、健、学等多方面。而居家养老是家庭养老和社会养老的结合，具有家庭养老和社会养老的优点，同时摒弃了这两种养老方式的不足，故居家养老具备养老功能的全方位性，真正实现了“老有所医、老有所养、老有所乐、老有所学、老有所为、老有所尊、老有所宁”。具体来说就是居家养老能为老年人提供下列服务。

“医”，就是从老年医学的角度阻止老年人生理功能的病理发展，为患病老年人提供有效而方便的医疗措施。社区应建立医疗网站，配备全科型医务人员，给行动不便的老年人提供就近的医疗服务。“食”，就是提供合适的饮食类型和结构，在食品商店、超市要设立符合老年营养学原理的专柜，供应价廉物美的“老年食品”。“住”，就是提供适合老年人生理、心理特点的养老住所和环境，其基本特征是舒适、方便、安全。“行”，就是公共交通设施应该保证老年人出行的安全、方便和优待。“乐”，就是配置老年人娱乐活动的软硬件设施。“为”就是提供机会与场所让老年人发挥特长，力所能及地为社会做贡献，以实现自我价值。“健”，就是采取有效措施延缓老年人身体机能的衰退以及预防老年疾病的发生，提高老年人自我保健意识。“学”，就是社会应大力开展包括老年人再就业职业训练、保健知识辅导等活动，老年人进大专院校学习应不受年龄限制，享受免费、减费和奖励等优待鼓励措施。

第二，居家养老具有养老资源多元性。在人类社会发展中，养老方式是随着生产力的发展而不断变化的。农业社会，生产力发展水平不高，以自然经济为主，家庭是组织生产、拥有生产资料和积累财富的基本经济单元，长辈掌握家庭大权，具有权威性，长辈年老后，子女负责赡养老年人，体现了农业社会的养老模式——家庭养老。到了工业社会，社会化大生产取代了家庭为单位的小生产，劳动者的生产成果更多地作为剩余产品供给社会，这些为社会积累的物质财富中，包括劳动者至老年期不再工作而转变为纯消费群体的生活所需，因此社会应当对老年人负有供养责任，为其养老生活提供养老金等物质资助，这样就形成了社会养老方式。服务经济时代，社区、第三部门充当养老保障主体成为可能。在这种经济形态下，人与人之间的联系更加紧密，人们的需求往往通过社会这个层次才能得到满足。在这个阶段，养老保障主体不仅包括家庭、政府，还应该包括社区，尤其是社会中第三部门的全面介入，并通过发挥社区和第三部门等养老保障主体的作用，保障老年人的养老需求。由此可见，生产力发展水平及生产方式决定了的养老方式。但是，一种养老方式的出现并不意味着另一种养老方式的消灭，当今社会各种养老方式共同存在，而且在社会老龄化程度加剧的同时，依靠单一的养老方式已不符合形势发展的需要。现今社会，家庭养老缺乏法制基础，家庭养老文化弱化，家庭趋向小型化、核心化，家庭养老功能逐步减弱；社会养老功能单一，政府财政负担较重。所以，单一的养老方式不是最佳的养老方式，养老方式应该是多元的。与我国现今社会经济发展状况相适应的居家养老，其完成各方面养老功能的资源既来自个人、家庭，也来自社区、政府，因而是多元的。养老体系的经济供养部分可包括社会保险、家庭供养、个人储蓄、自我供养等几个层次；照料体系的构成涉及国家、社区、家庭和个人等多方面。社区今后将发挥越来越重要的老年护理和照料功能。家庭作为老年人长期生活的场所、一生的归宿和晚年的倚托，应该为老年人提供最符合其生活习惯和安全的养老住所，而家庭成员则应该给予老年人他人难以替代的亲情关怀和精神慰藉。

第三，居家养老具有养老资源充分利用性。总体而言，我国处于社会主义初级阶段，经济社会发展水平不高，老年福利事业很不发达，政府投入资金不足以解决老年人的养老问题，只能建立符合我国社会发展水平的养老保障体系。从经济成本看，居家养老比机构养老、传统家庭养老成本低，是最理想的养老方式。选择入住养老机构的老年人不但要使用养老机构的设施和人员服务，支付相当数额的费用，而且政府也需要投入相当大的人力、物力、财力。传统的家庭养老需要占用子女的工作时间、休息时间，或者雇用保姆给老年人提供日常的生活照顾，需要承担不小的成本。居家养老具有投资少、成本低、服务广、收益大、收费低、见效快的特点，既能减轻家庭养老的经济负担，又能减轻社会养老的经济负担。居家养老服务的人员多由退休人员、下岗女工、志愿者组成，采用邻里互助、代际互助等方式进行服务，通过政府补贴和扶持，养老服务是廉价的，所以居家养老收费较为低廉，适合普通老年人的经济承受能力，有利于减轻养老的经济负担。同时，城市中老年人大多数有自己的住房，居家养老可充分利用原有的物质资源，包括住房、家具、耐用消费品和生活设施等，以及社区资源，而且老年人可以按照自己的特殊需要安排饮食起居，既能提高生活质量，又可以减少不必要的支出。

第四，居家养老具有社区性。居家养老是社区服务和家庭养老相结合的现代养老方式，居家养老中的“家”具有非常宽泛的含义，它将“家”的含义扩展到了老年人居住的社区这个广义的家庭中来。居家养老建立在社区这一基础之上，无社区就谈不上居家养老。在重建我国政府公共服务职能的今天，社区需要承担的社会服务职能比以往任何一个时期都更为复杂和重要。自20世纪80年代以来，社区正扮演越来越重要的角色，我国的社区养老服务发展迅速，形成了以老年人日常照顾、老年人健康服务、老年人权益保护服务和老年人精神文化服务为主要内容的社区养老服务体系，包括社区养老院、托老所、老年公寓、老年服务中心、老年食堂、家政服务中心、老年活动中心、社区老年医疗保健站、社区老年学校等，全方位为居家的老年人提供社区服务。国际上也强调社区的养老服务功能，第37届联合国大会通过的《老龄问题维也纳国际行动计划》指出:社会服务应以社区为基础，并为老年人提供范围广泛的预防性、补救性和发展方面的服务，以便使老年人能够在自己家里和他们居住的社区中尽可能过独立的生活，继续成为参加经济活动的有用公民。所以，无论是英国的社区照顾，还是日本的居家护理服务，和我国的居家养老一样，社区性特征十分明显。

第五，居家养老具有方便、灵活性。居家养老满足老年人养老需要的功能载体是多种形式的，它根据老年人的养老需要合理分配养老资源、规划养老设施、选取养老方式。居家养老方式中，家庭是养老的主要载体，居住条件好，生活较富裕的老年人在自己家中居家养老；居住条件差、子女照顾不周的老年人，由社区向老年人提供养老住所也是居家养老；不愿劳累子女、自主性较强的老年人居住在社区老年公寓中更是居家养老。居家养老以老年人为本，根据老年人的价值观、生活自理能力为其提供灵活多样、方便实用的养老方式，深受广大老年人欢迎。同时，居家养老在全国范围内也根据各地的实际需要量力而行，不搞“一刀切”。在经济较发达、财力有保证的沿海大中城市，可根据老年人需要兴建老年人公寓及各种健康服务中心，而广大的中西部地区，由于经济发展和沿海地区有差距，财力有限，根据自己的实际情况，建立起了符合本地老年人需要的养老设施。在形式上灵活多样，不拘一格；在护理、服务方式上，根据不同老年人的需要，随时提供方便、快捷的直接服务；在收费标准上，可执行统一标准，也可灵活由双方协商而定。总之，居家养老在很多方面体现出方便、灵活性的优点。

2.2　居家养老相关理论

居家养老涉及的理论较多，既有西方社会的福利多元主义理论、完善和补偿理论、相互作用理论、社会嵌入理论，也有我国本土的差序格局理论、血亲价值理论、公民养老权利理论。这些理论为居家养老模式的提出、运行奠定了必要的思想基础，提供了科学的思想方法。

2.2.1　福利多元主义理论

人类没有进入现代社会之前，社会福利主要由家庭、教会、社区和民间组织提供，国家很少对公民提供直接的各种帮助。从 20 世纪 30 年代开始，政府逐渐改变原有现状，成为社会福利的主要提供者。1948 年英国宣布为“福利国家”，成为发达国家标榜和追求的理想制度，政府成为社会福利的承担者，从“摇篮”到“坟墓”全部由政府提供，这是建立在经济良好基础上的社会福利制度。但是，自 20 世纪 70 年代中期开始，由于石油危机，发达国家经济发展的黄金时代终结，经济出现滞胀，加之人口老龄化，失业率高居不下，导致社会对福利需求增加，而国家收入入不敷出，社会和经济上的失败给福利国家带来严重的政治后果。人们开始反思政府在福利制度中的角色，认为社会福利应由公共部门、营利部门、非营利部门、家庭、社区共同负担。政府通过减少福利开支来达到缩减福利国家的规模，将福利责任下放到其他部门，从国家保障的单一主体发展成多元责任主体。福利多元主义理论就是在这样的背景下产生的。

福利多元主义是发达国家在发展社会福利制度过程中提出的实践理念，福利多元主义一方面强调社会福利服务应由政府、非营利组织、家庭、社区等共同承担，政府不再是社会福利的唯一承担者，让民间组织有更多参与社会福利的机会，加强它们之间的合作，提高福利服务提供的效率和质量；另一方面，非营利组织应填补政府从福利领域撤离后遗留下的真空，规范对这些组织的管理，提高社会福利的供给效率，满足社会日益增加的社会福利服务需求，使公民普遍享受到社会各部门提供的服务，改善公民的生活品质。可以说，当前社会福利的最新发展是从政府转向民间，从一元变成多元，从中央下放到地方，从机构式照顾变成社区与家庭照顾，从单一的提供者与提供方式变成组合式的提供者和提供方式。

福利多元主义的两个主要概念是分权和参与。分权就是将福利服务的行政权由中央政府转至地方政府，从地方政府转移到社区，从公共部门转给非营利组织；参与是指非营利组织参与社会福利的提供和规划，福利消费者和福利提供者共同参与决策。福利多元主义强调的分权、参与为非营利组织参与社会福利服务提供了重要的理论依据。福利多元主义代表人物是罗斯、伊瓦斯，他们对福利多元的解析分别采用了三分法和四分法。

罗斯认为，福利的提供者由国家、市场和家庭组成，用公式表示为 TWS=H+M+S，TWS 是社会总福利，H 是家庭提供的福利，M 是市场提供的福利，S 是国家提供的福利。国家是社会福利的主要承担者，但不是唯一来源，市场也是福利的来源，个人和家庭都要从市场购买福利，家庭历来都是福利的基本提供者。同时，国家、市场、家庭作为单独的福利提供者都存在一定缺陷，只有将三部门联合起来，才能互相补充，扬长避短。国家提供社会福利是为了纠正市场失灵，家庭和志愿组织提供福利是为了补偿国家和市场失灵。

伊瓦斯采用了四分法的分析方式，认为社会福利的来源有四个：国家、市场、社区、民间社会（见表 2.1）。伊瓦斯特别强调民间社会在社会福利中的作用：它能够在不同层次、不同的理念上，在国家、市场、社区之间建立联系纽带，使私人和局部利益相一致。当然，约翰逊·吉尔伯特也主张使用四分法分析社会福利的构成。

表 2.1　伊瓦斯福利多元主义四个部门的特征

部门	市场	国家	社区	民间社会
福利生产部门	市场	公共部门	非正式部门 / 家庭	非营利部门 / 中介机构
行动协调原则	竞争	科层制	个人责任	志愿性
需方的角色	消费者	社会公民	社区成员	市民 / 协会成员
交换中介	货币	法律	感激 / 尊敬	说理 / 交流
中心价值	选择自由	平等	互惠 / 利他	团结
有效标准	福利	安全	个人参与	社会 / 政治激活
主要缺陷	不平等、对非货币化结果的忽视	对少数群体需要的忽视，降低自助的动机，自由选择的自由下降	受道德约束降低个人选择的自由，对非该团体的成员采取排斥态度	对福利产品的不平等分配，缺乏专业化，低效率

2.2.2　相互作用理论

相互作用理论主要包括象征性相互作用理论、标志理论和社会损害理论三大部分，主要探讨环境、个体及其相互作用对老年社会的影响，属于互动派的理论观点。

象征性相互作用理论最初由美国学者埃里克·伯恩内于 20 世纪 50 年代提出，该理论认为，在老龄化过程中，环境、个人以及个体与环境的结合等因素的相互作用具有非常重要的意义。如一个尊老敬老的社会环境和鼓励老年人积极参与社会的良好社会氛围，对老年人的生活满意度的提高是非常有益的，有利于提高老年人晚年生活质量，延缓机体老龄化。该理论关键要素有三个：第一，对起源于特定环境的规范期望的重视；第二，对个人交往作用能力的重视；第三，对特定环境下的能力与期望之间主观评价的一致性的重视。这三个要素的和谐程度决定了老年人生活水平的高低。象征性相互作用理论给老龄化社会带来的启示为，从社会系统角度出发，由衰老带来的情绪低落和脱离社会并不是不可避免的，而是可以通过个人与环境的相互作用加以改变，政府应尽可能对社会环境进行调适，使社会环境尽可能多地给老年人提供选择的机会，积极鼓励老年人以积极主动的态度参与社会，以减弱老龄化的消极影响。

标志理论也称为符号互动理论，其主要观点是人们在社会环境中，通过与他人的交往、互动，认识自我。也就是说，人们根据别人对自己的评价、态度来思考自己。中年人占有较多的社会资源，是社会交往中的重要角色，社会联系较广；老年人社会资源减少，在社会交往过程中处于弱势地位。这种社会交往模式的变化会影响到老年人自我认知。

社会损害理论源于标志理论，它是指已经有心理问题的个人所产生的消极反馈。这种消极反馈循环一旦开始，便会强化其无能的个人意识，从而进一步引发更多问题，有时老年人有一些不正常反应，会被他人视为病兆而做出过激反应，而为了继续交往，老年人又会不自觉地屈从于这种反应，从而对老年人的自我认识带来损害，使其进一步丧失原先的独立自主能力。所以，应通过向老年人提供机会，让他们生活在一个多元包容的社会环境中，增强老年人的自信心和独立意识，以阻断由社会损害所形成的消极反馈循环，即改变老年人生存的客观环境以帮助老年人重建自信心。

社区是老年人生活最主要的场所，居住在家里的老年人，除与家人交往，还需要与家庭之外的社会进行交往，社区可以为居家养老的老年人提供文化娱乐设施和生活照顾，为他们创造舒适的公共活动空间。居家养老的亲情支持和社区服务的支持相结合，有助于减少孤独感和失落感，使老年人生活更加丰富多彩，大大提高其晚年的生活质量。

2.2.3　活动理论

活动理论在老年社会学中是一种重要的理论，该理论代表人物是美国学者罗伯特·哈维格斯特。他认为，老年人应积极参与社会，只有这样，才能使老年人重新认识自我，保持生命活力。

活动理论认为，老年期角色与成年期不同，它属非强制性的，更加符合个人意愿，有益于改善老年人精神状态。活动理论观点是建立在四个假设之上：第一，老年人的角色丧失越多，参与的活动越少；第二，老年人的自我认知需要在社会活动中形成和证明；第三，自我认识的稳定性源于角色的稳定性；第四，自我认识越清楚，生活满足度越高。这四个假设说明，生活满意度源于自我认识，源于新角色，而新的角色源于参与社会的程度。

每个人一生中都要扮演许多角色，角色是个人与社会相互接纳的一种形式，每个人通过角色形成自我概念，获得相应的社会地位和社会回报，社会通过角色赋予个人相应的权利、义务责任和社会期望。扮演一种社会角色，就获得一定的社会地位，角色更替、地位上升是人中年期活力之所在，进入老年期，角色中断，地位下降，从“一个人物”变成了“什么都不是”，连带回报减少，无人理睬，孤独、郁闷引起老年人心理失衡。

具体来说，老年人角色转换表现在：第一，劳动角色转换为供养角色，使老年人易产生危机感。第二，决策角色转换为平民角色。在家庭中，家长转换成接受照顾者，使老年人产生被抛弃的感觉；第三，工具角色转换为感情角色。工具角色是指人们肩负着一定的社会公职，在社会政治、经济、文化领域占据着主体地位。感情角色是为满足身心情感的角色，如家庭中父母、子女间的角色。这样的角色转换使老年人会碰到性别角色模糊问题以及随之产生的老年夫妻之间的冲突。第四，父母角色转换为祖父母角色。除角色转换，老年人还不断遭受打击，如子女结婚分居、老年人进入空巢家庭、心理失落、突然失去健康身体、配偶突然离去等。因此，改变老年人精神状态的方法之一就是帮助老年人重新认识自我，正确认识角色转换的客观必然性，积极参与社会，寻求新的次一级角色。

居家养老是老年人参与社会、继续社会化的一个重要平台，通过居住在家中，社区为老年人提供多样化、专业化的服务，可以使老年人在角色转换中更好地应对，增强老年人在角色转换过程中的适应性，减少角色突然转变带来的失落感，也能使老年人获得社会的尊重和回报。近年来，我国大力提倡“老有所为”“六十而立”“开创人生第二个春天”，都是活动理论在我国的具体运用，“老有所为”是活动理论的升华。

2.2.4 血亲价值理论

血亲价值理论是一种用血亲价值观点解释家庭养老代际关系的理论，它由我国人民大学姚远提出。姚远认为，血亲价值论主要包括三部分内容。

第一，血亲关系。血亲关系是血亲价值论的基础。人与人之间的关系有三种：一是血缘关系，如父子母女、兄弟姐妹等；二是地缘关系，如老乡、邻居等；三是社会关系，如师生、同事、朋友等。与后两种关系相比，血缘关系的最大特征就是天然性、终生性和自我性。天然性是指血亲关系的不可选择和不可回避；终生性是指血亲关系与生命共存；自我性是指有血缘关系的双方或多方具有一种自我认同感。在不同文化背景的社会中，自我认同感的强弱有所不同。由于家庭在我国社会中的特殊地位，我国社会的血缘认同感非常强。无论社会形态如何演变，对血亲关系的认同没有明显变化。

第二，人生价值。血亲价值的本质是人生价值。人生观是人们对人生或生命的目的或意义的总体看法，其核心就是人生价值问题。对人生价值的判断不仅直接影响到人们的行为模式、心理模式，也会影响到处理代际关系的方式。血亲价值论将维护血亲关系、履行血亲责任和实现血亲利益作为人生目标，不仅弱化了代际关系中的经济原则和经济价值，也弱化了个人利益和自我发展的动力。从总体上来说，人生价值的选择离不开社会经济发展水平的决定作用，但具体到家庭和个人，还要考虑传统与文化因素的影响。

第三，心理定式。影响代际关系的因素是多方面的。从根本上看，人的生存需求、经济需求决定了人们的代际观念和行为方式。但是，经济因素并不是唯一的决定因素，这是马克思多次讲过的观点。作为社会人，一旦接受了某种价值观念，就会超越经济因素而按照既定的价值准则行事。血亲价值实际上就是围绕着血亲关系所形成的一种价值观念。这种价值观构建了一定的心理定式、精神约束和行为方式。

血亲价值论的三个部分反映了血亲价值的基础、性质和形式。血亲价值论的核心就在于将血亲关系从生物层面提升到价值层面，并用这种价值标准指导血亲间的关系。

依据血亲价值论，我们可以看到，它对居家养老模式的作用主要体现在伦理和文化角度。由于各国文化差异较大，从文化角度探寻养老模式是我们遵循的一个原则，我国受儒家文化影响较深，儒家文化强调家庭，所以这种民族文化决定了家庭养老的持久性；同时家庭养老也遵循伦理原则，伦理原则注重道德要求和个人义务，对血缘关系的责任高度认可，这样作为基本道德载体的家庭养老也会长久存在下去。但近几十年来，我国独生子女大量出现，引发人口年龄、结构的巨大变化，核心家庭增多，家庭规模减小，照顾老年人的家庭成员资源不足，对家庭养老冲击巨大。不过，血缘动力和伦理型原则可以为以家庭为核心的居家养老提供基础和保障。

家庭养老与社会发展密切相关，社会需要家庭养老，家庭养老也不断从社会获取支持。血亲价值论给我们的启示就是从维系家庭养老出发去强化社会助老工程，发挥社区等各方面的力量，建立多元化的养老体系，最终解决我国的养老问题。

2.2.5　差序格局理论

差序格局理论是已故社会学家费孝通提出的，他通过对我国农民生活进行深入细致的观察，在《乡土中国》一书中提出这一重要概念，阐述了我国传统社会的社会结构和人际关系特点。

费孝通认为中国乡土社会是“差序格局”，“差序格局”是以自己为中心的，“以己为中心，像石子一般投入水中，和别人所联系成的社会关系，不像团体中的分子一般大家立在一个平面上的，而是像水面波纹一样，一圈圈推出去，愈推愈远，也愈推愈薄”。作为“差序格局”中心的自己，不是独立的个体，而是受家庭和血缘影响，是从属于家庭的社会个体。当然，相对于旁系血亲群体，直系血亲群体便是己；相对于“姻亲关系”，血亲关系便是己；相对于陌生人，熟人便是“己”，相对于“外乡人”，同乡便是“己”。

“以己为中心”的差序格局实际上就是以血缘关系为中心，在此基础上形成的人际关系，具有排他性。在人际交往中，越是靠近血缘关系的，越容易接纳，形成合作、亲密的人际关系；越是远离“己”的中心，越容易被人排斥，关系淡薄。费孝通所揭示的“差序格局”不仅是关系和结构上的差序，更是基于伦理道德的情感、意义上的差序。

差序格局理论可以为以家庭为载体的居家养老提供理论依据。养老分为正式支持、非正式支持。正式支持是指由政府提供的各种支持，如社会保险、社会福利、社会救济、优抚安置等；非正式支持是指无政府干预的各项支持，如配偶、子女、亲属、朋友、社会团体、邻居、非政府组织等提供的帮助。正式支持是基于法律、国家制度的，非正式支持是基于道德、人际关系所维系的。依据差序格局理论，人际关系越近，养老责任越大，配偶、子女是养老第一责任人，接受人际关系越近的人的帮助，老年人越无心理负担。所以，血缘关系、地缘关系、社会关系构成了一个同心圆，反映出人际关系由近及远，居家养老赖以存在的血缘关系（即家庭）构成圆心，并以此为基础扩大到地缘关系和社会关系，这里讲的地缘关系主要指邻居、社区，其中主要指社区的养老服务支持。

2.2.6 公民养老权利理论

我国是世界人口大国，也是老年人口最多的国家，作为社会的一员，老年人是连接过去、现在、将来的桥梁，他们为社会的发展贡献了毕生的精力，他们的智慧、经验构成了名副其实的社会命脉，其年老后应享有必需的养老权利。而且公民养老权的确认和保障是人权保护的基本要求，是社会公正、公平的重要表现，是我国构建和谐社会、实现代际和谐的诉求，所以公民养老权作为基本的人权和社会权利，应当得到社会的保障和认可。

权利是一种概念，也是一种制度，养老权是人的一项基本权利，与个人的生存、发展、地位密切相关，它不可被剥夺、转让。联合国一再强调，每个人作为社会的一员，有权享受社会保障，享受他们个人尊严和人格的自由发展所需要的经济、社会、文化各种权利，消除对老年人的一切暴力和歧视。我国宪法明文规定，公民在年老、疾病或者丧生劳动力的情况下，有从国家和社会获得物质帮助的权利。《中华人民共和国老年人权益保障法》第 3 条也规定，国家保障老年人依法享有的权益。所以，公民养老权是一项基本人权，也是宪法性权利，是公民在年老时所享有的生存权。

公民养老权有广义和狭义之分。广义的公民养老权是指公民在达到国家规定的解除劳动义务的年龄界限，或者因年老丧失劳动能力的情况下，依法享有的获得国家和社会的物质帮助权和家庭赡养权；狭义的公民养老权是指企事业组织的职工和国家机关工作人员在达到法定年龄后享有的退休权利，并有权得到国家和社会对其老年生活的保障。本书所指公民养老权为广义之说，它通常包括公民年老时享有的生活保障权、健康保障权、参与社会发展权和精神慰藉权。

第一，生活保障权。老年人的生活保障权是指公民在年老时有权得到的基本生活保障，即适当生活水准权，主要指老年人享有的物质帮助权和经济供养权。生活保障权包括国家和社会的保障、公民自我保障、家庭保障。自我保障是公民在年轻时为自己养老积极参加社会养老保险和商业养老保险，而获得的养老性储蓄；家庭保障是指老年人的家庭（包括成年子女）应当对老年人进行扶助和赡养；国家保障是指国家根据《中华人民共和国宪法》的规定，给予退休老年人生活保障权，同时给予年老、患病或者丧失劳动能力的公民以物质帮助权。物质帮助权体现为国家建立的社会保障制度，包括养老社会保险、老年社会救助、最低生活保障、老年社会福利等。同时，国家还建立了大量的老年福利服务体系和老年文体娱乐服务机构，以丰富老年人的精神文化生活。社会的保障主要是指用人单位依法缴纳养老保险费和发放养老费等。

第二，健康保障权。健康是保证人的幸福和尊严的重要条件，健康保障权主要包括健康服务的可提供性，健康服务在地理、财务、文化上的可获取性，健康服务的质量，享受健康服务的平等性等。老年人的医疗保障权是养老权的一部分，主要体现在国家医疗保险制度的建立上，它是保证劳动者或者全体公民在患病或非因工负伤治疗期间，能够获得医疗保障的一种制度。我国法律明确规定，国家应建立多种形式的医疗保险制度，保障老年人的基本医疗需要。所以，我国十分重视老年人的健康保障权，加大老年卫生工作力度，发展老年医疗卫生服务。

第三，参与社会发展权。参与社会发展权是指老年人有权参与社会的政治、经济、文化等活动，它是老年人老有所为的表现，又是老年人保持精神健康的途径之一。我国历来重视老年人的经验和技能，尊重他们的优良品德，积极创造条件，以发挥老年人的专长和知识优势。《中华人民共和国老年人权益保障法》规定，国家和社会应当重视、珍惜老年人的知识、技能、经验和优良品德，发挥老年人的专长和作用，保障老年人参与经济、政治、文化和社会生活的权利。可见，参与社会发展权是公民养老权的重要内容。

第四，精神慰藉权。精神慰藉是指满足公民年老时的精神需求，包括自尊的需求、期待的需求、亲情的需求。精神需求既包括来自家庭，也包括来自社会的。来自家庭主要体现为子女要关心老年人，常回家看看等，来自社会包括全社会开展敬老、养老宣传，树立帮助、关心老年人的社会风尚，组织老年人参加各种文艺、体育活动，使老年人愉快度过老年生活。国家和社会应采取措施，开展适合老年人特点的群体性文化、体育、娱乐活动，丰富老年人的精神文化生活。为了保证老年人的这项权利，政府在城市建立了许多老年服务中心，在街道、社区设立老年活动站，为老年人服务。

公民养老权具有普遍性、资格性、基础性、社会性、综合性的特点，普遍性决定了公民养老权每个人都能享受，人人都会老，养老是个人、家庭不容回避的永恒课题。我国公民养老权是以生存权为核心的组合权利，主要表现为生活保障权等四个方面，具有综合性。而且我国的养老逐渐从传统的家庭养老向以居家养老为主的社会化养老转变，多元化的养老责任机制逐渐建立起来，其目的就是保障老有所养，为老年人提供必需的经济供养、日常照料和精神慰藉，具备老年人生存的基础性。

第3章　我国城市居家养老多元主体的地位与功能

家庭、社区、非营利组织、政府是居家养老的四大主体，明确界定其地位和功能，对发展和完善居家养老体系具有重要意义。

3.1　家庭的养老义务

家庭是社会生活的基本细胞，是社会福利的原始提供者，在历史上非制度化的福利供给中，家庭既是福利的组织者和实施者，也是福利资源最基本、最重要的来源。对于老年人来说，家庭具有重要意义，绝大多数老年人生活在不同类型的家庭中，家庭提供社会无法提供的各种支持。如果家庭的养老行为不存在，实行完全的社会化养老，不仅会造成国家财政困难和社会成本增加，而且人与人之间也缺少了情感的维系，人类文明将出现倒退。1997年第16届国际老年学大会通过的《阿德莱德宣言》认为："要把注意力放在社会和家庭单位上，而不仅仅只注重个人，认识到在许多情况下家庭起着重要的、不可替代的作用。"由此可见，家庭的养老行为在整个社会中占有重要地位，分析家庭的养老功能及特点，对于居家养老政策的制定十分有益，同时家庭也是居家养老的重要主体。

3.1.1　家庭的概念及养老功能

1. 家庭的概念

我们每个人从出生到死亡大都生活在家庭中，对家庭下一个定义似乎很简单，但是到目前为止，还没有学者一致接受的定义。《辞海》定义为："以婚姻和血缘关系为基础的一种社会生活组织形式，在原始社会中自然产生。"《现代汉语词典》定义为："以婚姻和血缘关系为基础的社会单位，包括父母、子女和其他共同生活的亲属在内。"《中国大百科全书·社会学》认为家庭是由婚姻、血缘或收养关系组成的社会生活的基本单位。亚里士多德在《政治学》开篇第一卷就谈到了家庭，"由男女同主奴这两种关系的结合，首先就组成家庭，家庭就成为人类满足日常生活需要而建立的社会的基本形式"。马克思、恩格斯认为："一开始就纳入历史发展过程的第三种关系就是：每日都在重新生产自己生命的人们开始生产另外一些人，即增殖。这就是夫妻之间的关系，父母和子女之间的关系，也就是家庭。”美国社会学家 E.W. 伯吉斯和 H.T. 洛克在《家庭》一书中提出：“家庭是被婚姻、血缘或收养的纽带联合起来的人的群体，各人以其作为父母、夫妻或兄弟姐妹的社会身份相互作用和交往，创造一个共同的文化。”伊恩·罗伯逊认为：“家庭是一个由家世、婚姻或收养联系在一起的人组成的比较持久的群体，这些人共同生活，并组成了一个经济单位，他们中间的成年人要对小孩负责。”而且伊恩·罗伯逊解释说：“假如说这个定义显得有些烦琐，那只是因为它必须将纷繁多样的家庭形式都包括在内。”我国已故社会学家费孝通认为：“孩子的出世才完成了正常的夫妇关系，稳定和充实了他们全面合作的生活，父母子女所形成的团体，我们称作家庭。”现代社会学者从复杂多样的关系中理解家庭，比较有代表性的观点有：①人口生产关系论。认为家庭是以一定形式的经济为基础的人口生产关系。家庭所负担的最基本的社会职能是通过人的生产和再生产来维持生命的延续和人类的延续，从而为社会的存在和良性循环提供最基本的要素——人。②经济关系论。认为家庭最本质的内容是经济关系。家庭的形式、性质、职能、结构等都与一定社会的经济基础相适应，并随之发生变化，而且家庭内部的关系也是由经济关系决定的。③感情关系论。认为家庭最本质的关系是情感关系。男女之间有没有感情、是否互爱是家庭建立、组成或离异的关键性因素。④多层次论。认为家庭本质上是多层次的，是社会关系、物质关系以及人本身的生产关系的三个层次的综合，要认识家庭的本质不能割断各层次之间的联系。

综上所述，对家庭的解释，基本可以概括为两个方面的内容：一方面认为家庭是一个基本的社会单位，由血缘关系和共同生活的成员构成。它从一定的关系出发，即按血缘关系、亲属关系来进行阐释；另一方面认为家庭是由同居的和在经济上有供养关系的人员组成，家庭建立在一定经济基础之上，包括收入、利益分配、消费等经济关系。

据此，不难看出，家庭是自然关系和社会关系的统一，男女两性的生理结合构成自然关系，以生理结合为自然基础的社会结合构成社会关系，同时家庭是一个历史范畴，有其产生和发展的历史，家庭是不断变化的，是一种最普遍的社会生活组织。家庭又不同于一般的社会生活组织，是最亲密的社会团体，包括夫妻关系、亲属关系、兄弟姐妹关系，情同骨肉，不可分离。结合以上观点，对家庭的概念可做以下概括：家庭是两个及以上的人具有婚姻、血缘或收养关系，并长期共同生活的群体，是人类进行自身再生产的单位。

2. 家庭的养老功能

我国已故著名社会学家费孝通认为，家庭是养生送终的所在，是社会的细胞和最基本的生活单位。人类的交替既需要生育制度，也需要养老制度，这两种制度是社会文化的两个端口，先有生育抚育，后有养老送终，构成了人类社会的代际交换和新陈代谢。家庭成员以生育和养老为基础形成了亲密的血缘关系。因此，养老作为家庭职责的重要一方是不可忽视的。《中华人民共和国老年人权益保障法》也规定：赡养人应当履行对老年人经济上供养、生活上照料和精神上慰藉的义务，照顾老年人的特殊需要。目前，我国已进入老龄化社会，养老问题非常突出，发挥家庭的养老功能具有重大意义。

第一，家庭是老年人养老的主要场所。老年人养老可以有多种选择，家庭、养老院、老年公寓等，但多数老年人选择家庭作为自己养老的场所。据统计，各国选择居家养老的老年人口占其总数比例，英国为75.5%，美国为96.3%，瑞典为95.2%，日本为98.6%。在我国，90%以上的老年人期望在家养老，在家养老的观念占主流地位。2004年5月对扬州、南京、镇江、泰州四城市65岁以下的已婚者进行居住意愿随机抽样调查，结果表明，有25.3%的人愿意和子女住在一起，而高达74.7%的人想和子女分开居住。在想和子女分开居住的人中，不愿意离子女太远的占60.84%（占总体的42.18%），无所谓子女在哪里的占31.82%（占总体的22.06%），愿意进老年公寓、养老院等社会养老机构的占7.34%（占总体的4.86%），详细见表3.1，表明大多数人愿意在家养老，这里有他们熟悉的社区环境、街坊，有他们长期生活所形成的社会网络。

表3.1　老年人养老居住方式（%）

<table>
<tr><th colspan="2">理想的居住方式</th><th>和子女分开的居住方式</th><th>占总体的比例</th><th>占“与子女分开住”群体的比例</th></tr>
<tr><td rowspan="5">和子女一起居住</td><td rowspan="5">和子女分开居住</td><td>（与配偶）独自居住，与子女做邻居</td><td>12.24</td><td>17.66</td></tr>
<tr><td>（与配偶）独自居住，与子女在同一个城市</td><td>60.84</td><td>43.18</td></tr>
<tr><td>（与配偶）独自居住，无所谓子女在哪里</td><td>22.06</td><td>31.82</td></tr>
<tr><td>（与配偶）住老年公寓</td><td>2.56</td><td>4.02</td></tr>
<tr><td>（与配偶）进养老院等机构</td><td>2.3</td><td>3.32</td></tr>
<tr><td>25.3</td><td>74.7</td><td>合计</td><td>100</td><td>100</td></tr>
</table>

一般来说，在条件许可范围内，年龄较小的老年人愿意独立生活，而不愿意麻烦子女，喜欢自由，逍遥自在；进入高龄后，希望和子女合住，生活在家庭中。老年人认为养老院很好，生活设施齐全，有专人照顾，唯独感到寂寞，不能经常与家人见面，缺少温情关怀。总之，绝大多数的老年人主要生活在不同类型的家庭中，家庭的确是老年人晚年生活的主要场所。

第二，家庭为老年人提供经济支持。经济支持是指为满足老年人生命有机体对衣食住行等方面的物质需求提供帮助，即老有所养问题，主要是养老经费的提供。子女对父母的赡养在经济上的支持主要有三种方式：一是父母与一个子女生活在一起，其他子女按时供给父母一定的生活费用和其他零碎费用；二是父母不与子女住在一起，自己单独住，靠子女供给必要的生活必需品及费用；三是父母在养老院养老，子女提供所需费用。老年人一般不能或不再从事繁重的体力、脑力劳动，其收入必然会减少，特别是老年人在患病时，需要晚辈为其提供经济上的帮助。城市中离退休的老年人虽有养老金，但并不是每个老年人都能享受社会保险，即使是能够得到养老金的老年人，由于养老金没有与物价挂钩，退休金的提高滞后于物价的上涨，生活也会受到高物价的冲击，所以经济上也离不开子女的照顾。农村中的老年人一般经济较困难，多依靠家庭子女。因为农村老年人有自己承包的土地、林地，收益归家庭所有，这是农村家庭养老中经济供养的最基本形式，土地承担老年人养老的基本责任。没有收入或收入较低不能抵补日常生活开支的老年人则应当由家庭中的子女提供经济供养，以保证老年人的生活水平不低于家庭人均生活消费水平。

第三，家庭为老年人提供日常照料。日常照料，即日常生活护理问题，主要是满足老年人的三种需要：①日常生活需要子女辅助和陪伴，如衣、食、住、行及必要的社交活动；②家务劳动需要子女帮助，尤其是重体力劳动和季节性的家务劳动；③体弱多病，特别是卧床不起时，需要子女时刻陪伴照顾，以保证老年人安度晚年。老年人在经济供给得到保障的前提下，日常照顾是其最基本的权利和需求。老年人体弱多病，其饮食起居必须需要家人的照顾，否则老年人只是活着而不是生活，这样就需要子女投入一定时间与精力。我国相关法律规定，60岁以上老年人可以适当承担一些力所能及的家务性劳动，家庭不能强迫承担田间劳动和其他力所不能及的劳动，当老年人生病时，家人要为其提供送医、送药等服务，并有专人照顾老年人生活。人生七十古来稀，现在人们预期平均寿命有所延长，但剩余寿命很短，尤其是有价值的老年人家庭生活更短，老年人应更多享受家庭的关爱和照顾。由于家庭成员了解老年人的生活习惯和兴趣爱好，在生活的照顾上更全面、周到，满足了老年人在熟悉的家庭环境中，享受晚年之乐的需求。总之，老年人的生活费用可以由自己或家庭解决，但如何使用这些费用将老年人的生活安排得更好，使老年人的生活更舒适，则仍需要依赖家庭。

第四，家庭为老年人提供精神慰藉。精神慰藉，即老年人精神生活问题，主要指尊重和满足老年人日常交往、文化娱乐、亲情感受、天伦之乐等方面的需求。老年人的生活质量体现在物质上，更表现在精神上，很多研究表明精神愉快是老年人保持健康的重要秘诀之一。心理学研究表明，人到老年以后，身体机能退化，平衡功能紊乱，身体关节不灵活了，感觉和知觉能力逐渐下降，味觉和嗅觉的灵敏度显著降低。而且老年人离开了自己奋斗几十年的工作岗位，难以感受事业上的成就，有种被社会抛弃的感觉，老年人又喜欢记忆中的生活，爱静不爱动，非常害怕孤独，害怕无人关心自己，迫切希望得到他人，尤其是子女的尊重和爱戴。家人要鼓励老年人与其他人交往，对老年人的交往子女不要干涉，尊重老年人的婚姻自主权，子女要给予丧偶老年人特别关照，对单独居住的老年人，要经常联络，交流感情，常回家看看，陪老年人聊天。对于和子女共同生活的老年人，儿女态度要平和，尊重老年人的意见，和老年人沟通，不将老年人排斥在事情之外。老年人最喜欢与孙辈交往、互动，他们对老年人来说是精神上的享受，孙辈的一幅画、一首歌、一张奖状对老年人来说都是快乐的源泉，老年人与儿女围坐在一起看电视节目是较好的娱乐方式，一家人坐在一起，其乐融融。如果自己的一生能得到儿女的肯定和赞许是最大的安慰，子女应尽力给予年迈的父母这些精神性养老服务。

第五，家庭为老年人提供心理支持。心理支持，即除了亲情交流，家庭对老年人心理有巨大支撑作用。它包括两个方面：①增强老年人的生活勇气。个别老年人，年迈体衰，心灰意冷，信心不足，需要家庭的关心和支持。②提高老年人的安全感。有家庭，即使子女不在身边，老年人也会放心。因为他知道，家庭会关心他，子女会照顾他，他们对子女来说是非常重要的。同时，老年人阅历丰富，对社会上的新事物不易接受，而家庭成员的鼓励会打消老年人内心的顾虑，增强其参与社会和向社会靠拢的主动性。老年人不轻易相信别人，却重视子女的意见，子女间的谈话，子女对老年人的谈话，都会促进老年人再社会化，接受新思想、新观念。

综上所述，家庭养老作为一种社会现象是必然的，也是必要的，经济上提供支持，日常提供照料，精神提供慰藉，心理上提供支持，是不可缺少的赡养内容，而且随着社会经济的发展，老年人的养老需求也在不断增多，健康维护将越来越成为重要的方面。

3.1.2 家庭养老的特点及优势

我国的家庭养老是“反馈”式养老，成年人不但有抚育未成年子女的义务，而且有赡养老年人的责任，也就是甲代抚育乙代，乙代赡养甲代，乙代抚育丙代，丙代赡养乙代，无限循环下去。家庭养老是中华民族的优良传统，是传统文化的结晶，体现了血缘性、文化性、稳定性，不但有利于养老事业的完善和发展，而且有利于形成积极的社会风尚，且有成本低的优点，能使老年人心灵上得到慰藉，促进社会文明发展。我国的家庭养老具有以下鲜明的特点和优势。

1. 家庭养老具有文化性

中华民族自古就是文明、礼仪之邦，晚辈服侍长辈不只是一种责任和义务，更是光荣之事，在我国，家庭养老的历史能够绵延几千年，一个很重要的原因在于我们的孝文化，它成为维系家庭养老的内在文化机制。

作为伦理观念的“孝”，在西周时期就产生了。周代的孝有两个方面的含义：一是追孝，即通过祭祀祖先，祈求祖先的庇护和保佑；二是对在世父母的孝，称为孝养。孔子继承了西周孝文化，确定为普遍的伦理模式，认为不但在物质上奉养父母，而且在精神生活上要孝敬父母。孟子对孝道做了进一步详细说明，认为孝是关系宗族血缘关系的大事，提出“不孝有三，无后为大”，以保证家族祭祀，香火不断。孟子的思想被社会各阶层广泛接受，对我国社会造成了深远的影响。

孝的基本内容是：第一，奉养父母。每个人都是父母所生、父母所养，作为人必须有报恩意识，父母年老后，子女必须要对父母的饮食起居、身体状况关怀备至。第二，敬爱父母。孝不但要求子女对父母尽赡养义务，保证父母衣食无忧，更重要的是子女对父母有爱心，真正的孝子是对父母要始终如一的谨慎、温恭、和颜悦色、任劳任怨，敬亲比孝亲更有道德意义。第三，顺从父母。孔子说：“父在，观其志；父没，观其行，三年无改于父之道，可谓孝矣”。子辈不能自行其是，要听从长辈吩咐，遵从父辈教导。

我国的孝文化中包含了非常丰富的尊老爱老的文化资源，强调子女对父母要奉养、尊敬，尽力满足老年人物质生活上的需要，在精神上慰藉、体贴老年人。可以说家庭养老结合了我国人的孝文化传统，强化了父母子女的关系，整个社会都用这种思维方式来调节家庭关系，形成了良好的历史传统，成为人们自觉遵守的道德、行为准则和传统美德，从而形成了我国相对独特的养老观。

2. 家庭养老具有稳定性

从家庭的组织结构和形式分析，东方的家庭和西方的家庭都是由有血缘关系的人所组成，但以我国为代表的东方家庭具有自己的特点。我国的家庭结构呈现立体式或层次结构。虽然也经受了现代工业文明和市场经济的冲击，并未从根本上动摇我国家庭结构的根基，我国绝大多数家庭依然保持家庭的主要功能，包括养老保障功能。我国的家庭养老至今经历了几千年的历史，现代社会，尽管许多人主张加强社会养老，但家庭养老在新的市场经济条件下，可以借助社区，强化家庭养老，即居家养老。法律明确规定，父母有抚养的义务，子女有赡养的责任，从而规范化、法制化，增强了家庭养老的生命力。我国的家庭养老文化根植于盘根错节的社会大系统之中，具有顽强的生命力，它不是孤立的社会现象，而是政治制度、思想文化等各种因素综合作用的结果。稳定是传统文化的特征之一，所以家庭养老作为一种养老文化，其本身就具有稳定性的特征，社会发展已证实了家庭养老正不断注入新的活力。传统社会，家庭养老政治化；进入老龄化社会，家庭养老法制化。

3. 家庭养老具有血缘代际性

家庭是通过血缘关系凝结在一起的血缘群体，养老是家庭的基本功能之一，所以家庭养老本身贯穿着血缘联系，父母抚养子女，子女回报赡养父母，养老完全是建立在家庭血缘关系的基础之上。当多数人接受这个认识并用其规范自己的行为时，家庭养老中的孝文化就产生了，于是血缘关系就变成血缘道义，进而变成了血缘法律。但是，家庭养老必然会遇到经济问题，因为每个人都要经历被抚养、赡养的过程，即家庭代际交换性的问题。如果从经济的角度考察家庭养老的代际交换，实际上在家庭内部也存在着投入和产出的问题，父母生育、抚养子女是一种长期的人力资本投资行为，既包括经济投资也包括感情投资，子女赡养老人就是其所获得的产出。这种投入的成本包括子女的教育费、健康投资费、生活费以及其他不能显化的隐藏成本，老年人的投入回报包括子女的经济支持、子女的日常照顾、精神慰藉以及子女给家庭带来的荣誉等方面。当然，这种投资行为的预期是无法估计的，它包含了许多非经济的因素，这种投资行为体现了代际交换的过程，而且只要存在家庭，家庭代际的交换就会存在，家庭养老行为就会延续。当然，在血缘道义面前，赡养老年人是子女的义务，不应有功利色彩，不管父母给了自己什么，因为他们是我们的父母，没有他们我们就不会来到人世间。血缘道义使家庭养老代代相传下去，构成了家庭养老的内在特征。

4. 家庭养老具有低成本性

家庭养老保障功能主要是通过赡养关系实现的，家庭成员在未成年期间接受抚养，在劳动年龄期间赡养老年人，进入老年后又接受子女的赡养。这个过程在家庭成员之间具有自愿性，不需外力干涉。与其他养老方式相比，家庭养老不需要行政管理成本，具有成本低、效率高的特点，能满足老年人多方面的需求。第一，家庭养老中的老年人居住免费。家庭养老的老年人要么和子女住在一起，要么单独居住，无论是哪一种居住方式都没有居住成本。如果是居住在养老院，还要付出居住费用。第二，家庭养老中的服务成本较低。家庭中的老年人养老，如果身体较好，由子女简单照料，就省去了费用，雇用保姆或者接受社区服务就要支付工资，但保姆在照顾老年人的同时，还可洗衣、做饭、打扫卫生等，给子女减轻了负担。第三，家庭养老中老年人的精神慰藉成本较低。老年人和子女居住在一起，经常沟通，问候关心，老年人为子女照顾孙辈，其乐融融，享受天伦之乐。而社会养老为老年人提供娱乐和精神慰藉需要兴建场馆等设施，成本较大。第四，家庭养老的制度成本低于社会养老。父母有抚养子女的责任，子女有赡养老年人的义务，但从伦理道德角度分析，家庭养老并不是因为法律的约束才存在的，它是孝文化的传承，而社会化养老需要制定完善政策、法规。由于我国地区经济发展不平衡，政策制定、实施还要因地制宜，不能“一刀切”，同时实施过程中还要投入大量资金，进行有效监督，这样就会造成高成本。所以，我国一直都是鼓励家庭养老，不仅为国家节约了很多资金以用于经济发展，同时家庭的和睦也为社会创造了和谐、安定的环境，国家在稳定中前进。

3.1.3 家庭养老的非正规支持体系

家庭养老可以分为正规支持和非正规支持。正规支持包括养老金制度、医疗保障制度、社会服务制度等。非正规支持是指没有政府干预的各项支持，包括配偶、子女、亲属、朋友、邻居、非营利组织提供的支持。非正规支持是基于伦理道德和人际关系的维系，正规支持是基于法律和制度的保护。它们各属不同的系统，发挥不同的作用，这里论述的是非正规支持体系。

1. 配偶

配偶支持是家庭养老非正规支持体系中的重要组成部分。对有配偶的老年人来说，配偶是固定的伴侣，在家庭成员中，配偶是最知心的人，他们可以彼此支持共同度过晚年。“少是夫妻老是伴”“无妻不成家，无梁不成屋”“亲不过父母，近不过夫妻”，婚姻和家庭是老年人生活和幸福的根本所在，婚姻对老年夫妻有三大作用：亲昵、互相依靠、归属。研究表明，丧偶老年人比未丧偶老年人发病、死亡率均高几倍，原因是自己孤独寂寞，无人交心，55 岁以上的妇女在老伴死后 5 个月相继去世较多，在老伴去世两年内，对她们是高危期，男性老年人在老伴去世后半年内是危险期，由此可见老伴的情感支持至关重要。同时，老伴去世后，破坏了多年共同生活建立起来的日常生活习惯和思维习惯，在很多家庭，虽然子女对丧偶的父母关心体贴，但子女的情感不能代替老伴之间特有的情感。对丧偶男性老年人来说，失去妻子，意味着难以自理家务，生活空虚，失去夫妻关系中固有的关心、支持；对丧偶女性老年人来说，另一半去世意味着失去家务分工和相互依赖。通常认为，老年夫妇健在对亲属关系呈现出较强的凝聚力，能够促进各种社会关系的交往，当老年人出现生活困难时，会有较多的人关心支持他们。而且在所有的家庭成员中，配偶承担了主要的生活照料工作，配偶的照料并不只是一种劳务，还包含着心理和精神慰藉成分。

2. 子女

子女支持是家庭养老非正规支持体系中的主体，子女为老年人提供全方位的支持，主要包括经济支持、生活照料、精神慰藉。第一，经济支持。经济支持是老年人维持生存和保证生活质量的重要条件，我国政府一再重申要建立政府、社会、家庭和个人相结合的经济供养体系，以保障老年人的基本生活。《中华人民共和国老年人权益保障法》也规定，赡养人应当履行对老年人经济上供养的义务。一般认为，老年人的经济来源主要有三方面：退休金、子女支持、老年人自我储蓄和劳动收入。根据调查，在全国，老年人的经济来源的排序依次是子女提供、个人收入、离退休养老金。其中，老年人依靠子女或亲属供养的占57.1%，依靠自己劳动所得的占25%，依靠离退休金的仅占15.6%。显然，子女经济支持在老年人经济来源方面超过50%，全国一半以上的老年人依靠子女供养。第二，生活照料。一般认为，老年人生活包括两大类：一是基本性生活，如洗澡、穿衣、吃饭、收拾房间等；二是工具性生活，如购物、做饭、洗衣、外出等。老年人年龄越大，自理性越差，越需要他人的帮助。儿女的照料作用主要体现在做饭、上厕所、上下楼、理财、购物、走路等日常活动。第三，精神慰藉。精神慰藉是指老年人对感情寄托和天伦之乐的需要，精神慰藉有多种形式，包括有倾诉对象、能够和晚辈交流、晚辈常回家看看等，这些都可视为情感支持的一部分。调查显示，90%以上的老年人以配偶、儿子、女儿作为倾诉心事的对象，在配偶、儿子、女儿三者中，配偶比例较大，占60%以上。子女的状况对老年人精神方面有较大的影响，老年人退休以后，主要活动场所就是家庭，在我国家庭重视亲情的氛围中，家庭成员的状况不仅会直接影响家庭成员为老年人提供的各种帮助，而且会影响老年人的生活。子女失业、经济困境、身体不好都会给老年人带来牵挂和不安，而家庭成员良好的生活状况必然会给老年人提供良好的精神支持。

3. 邻居、朋友

邻居、朋友是家庭养老非正规支持体系中的辅助性部分。第一，朋友能够影响老年人的幸福感，在与朋友的交往中，老年人的信心和自我认定可以得到增强，并获得心理的依托，以鼓励、体贴、交谈为形式的支持有助于增强老年人的个性和价值意识；朋友、邻居能够提供有安全感的、灵活的、反应迅速的支持。第二，老年人身体多病，有时会突发疾病，需要立即送往医院，邻居的紧急援助作用就体现出来，即使在社会服务体系较完善的城市，住在高楼里的老年人从家里进入救护车，也需要邻居的帮助，正所谓“远亲不如近邻”，老年人往往较重视地缘关系。第三，邻居、朋友在提供经常性帮助的同时，还经常扮演沟通的角色。我国每年依靠民间调节的纠纷数量大于法院处理的案件，家庭养老中出现的矛盾和纠纷，如虐老、不养老、和老年人争房子等，很多没有必要诉诸法院，经过邻里的调节就可解决，还有的老年人自认命不好，忍气吞声，邻居看不惯出来为老年人主持正义，显示出邻居的调解、监督作用。第四，朋友和邻居帮助老年人参加社区活动，有利于老年人与社会的融洽，提高了老年人的再社会化程度，通过参加各种活动，老年人的身心得到释放，精神愉快地度过晚年。

4. 保姆

随着我国人口老龄化速度的加快，“421”家庭大量出现，再加上人均寿命的延长，高龄老年人的比例不断上升，人们工作压力增大，年轻的父母无暇照顾双方老年人，家庭照顾资源严重不足，老年人的日常生活照料已成为重要的社会问题。除了求助社区，雇用保姆已成为大多数家庭和子女的选择，特别是高龄生活不能自理的老年人和患病老年人，保姆的作用凸显出来。保姆的作用主要体现在对老年人的生活照料和家务劳动方面。在照料时间上，保姆比子女照料时间要长，成为老年人生活照料的主要提供者；在照料内容上，保姆为老年人提供做饭、洗漱、洗澡、如厕、购物、散步、穿脱衣、室内活动等，参与到与老年人息息相关生活当中。

不可否认，与配偶、儿女相比，保姆作为家庭养老非正式支持资源，具有两重性：一方面在人均寿命延长的情况下，高龄化的老年人对自身照料有巨大的需求，而经济发展又为老年人购买保姆服务提供了经济条件，所以保姆为老年人提供养老服务具有广阔的发展前景；另一方面，在非正式支持体系中，配偶、儿女、邻居、朋友照料老年人是基于血缘、地缘等关系，依靠亲情、责任加以照料，保姆则是纯粹的买卖服务，这样就出现服务质量、服务监督等问题，国家应出台这方面的政策、法规，规范保姆市场，强化专业化培训，以更好地为老年人服务。

3.2 社区的养老服务

在人口老龄化成为世界大趋势的今天，老年人的养老问题愈来愈突出。受我国生产力发展水平的制约和养老观念的影响，家庭在老年人养老中发挥了重要的作用，家庭养老仍然是我国老年人养老的主要方式。但由于经济的发展及实行计划生育政策，现代家庭结构和人们生活方式发生变化，家庭养老日渐弱化，加之机构养老固有的缺陷和资源约束，所以以社区为依托的居家养老社区照顾体系和社区服务成为各方共同关注和探讨的焦点。社区具有独特的人力、物力和区域优势，成本低，效率高，可行性强，服务周到，既可满足老年人居家养老的意愿，又能弥补机构养老和家庭养老的不足，所以社区对解决我国养老保障问题有非常重要的现实意义。

3.2.1 社区养老服务的概念

1. 社区服务

西方国家由社区为人们提供各式各样的服务，尤其是老年服务，满足他们的不同需求，这已经是一种普遍的现象。在我国，社区服务事业是在政府民政部门“社会福利社会化”方针指导下出现的。1986 年，为配合城市经济体制改革，民政部首先倡导社区服务，旨在城市开展以社区居民为主要服务对象的福利服务和便民服务。从 1992 年开始，随着我国社会主义市场经济体制的逐步确立和完善，社区服务也发生了新的变化。截至目前，尽管社区服务事业已经有了40多年的发展历程，但是对社区服务的内涵及外延以及相关讨论一直没有停息，对社区服务基本内容还未达成共识。笔者在CNKI源数据库，以模糊匹配的方式查找了自1978年到2009年末题目中包含“社区服务”的各类文章共有3302篇，其中，既有理论界对社区服务的学术探讨，也有实际工作者对社区服务的经验之谈。总体来说，国内学者对社区服务的基本内容分为两种观点。

第一种观点认为，社区服务主要是面向社区居民的生活服务和以社区特定人群为服务对象的社区福利和社会救助服务，社区服务具有福利性、公益性、非营利性、群众性、互助性和地缘性，“在于提供市场和商业性服务与不能提供或不愿提供的服务，其中，部分服务项目可以实行有偿服务，但前提是抵偿的，不以营利为目的的服务，是服从于福利性、公益性的社会服务”。其中，社区服务的福利性主要体现在它不是以营利为目的而是以满足社区居民生活服务需求为目标，把社会效益放在首位。社区服务的群众性主要体现在居民的事情让居民自己去办，体现了社区服务是居民群众的自我服务形式。社区服务的互助性主要体现在它组织发动社区成员开展社会互助服务，体现了一种社区的精神、风尚，“我为人人，人人为我”。社区服务的地缘性主要体现在它有一个区域范围和比较稳定的服务对象。

第二种观点认为，社区服务应走产业化道路。此观点强调必须将社区服务推向市场，强调社区的经济效益，以服务养服务，以经营养福利，摆脱社区服务的依赖性，具有自我生存和自我发展的能力。1992年，国务院发表了《关于加快第三产业的决定》，首次将社区服务列入第三产业的范畴，并赋予其优先发展的地位。接着，民政部等国务院13个部委又颁布了《关于加快发展社区服务业的意见》，首次提出“社区服务业”这一概念，并指出了社区服务的第三产业属性。该意见认为，社区服务业由社区福利服务业、便民利民服务业和职工社会保险管理服务业组成，并且强调要把发展社区服务业作为与提高人民生活水平、提高人口素质密切相关的行业纳入第三产业发展规划及其他有关规划，要按照社会化、产业化、法制化的社区服务的方向，积极支持和推动社区服务业的发展，到20世纪末，社区服务业产值每年要以13.6%的速度增长。

从以上论述中，我们看到两种观点的提出是基于我国城市社区服务发展的不同阶段，第一种观点强调福利性、公益性、非营利性，第二种观点强调营利性、产业性。综合分析两种观点及结合我国经济发展形势和人们的需求特征，笔者认为社区服务是在政府的主导下，根据居民的不同需求，依托社区及社区内的各种法人社团、机构、志愿者，为社区成员提供福利性、公益性的服务，不断满足社区居民日益增长的物质、精神、文化需要。这种福利性、公益性的社会服务本质特征是无偿性服务，并辅以不以营利为日的的微利、低偿性服务。它是社区服务的核心、基本内容，它的服务对象主要是社区中的弱势群体和优抚对象。

2. 社区的养老服务

重视社区建设，发展社区老年人口的养老服务是发达国家几十年来解决老年照料问题的经验总结，国际组织和养老专家都大力主张发展社区助老事业，为居家养老的老年人提供全方位服务。1982 年，第 37 届联合国大会通过《老龄问题维也纳国际行动计划》，明确指出："社会服务应以社区为基础，并为老年人提供范围广泛的预防性、补救性和发展方面的服务，以便使老年人能够在自己的家里和社区里尽可能度过他们的晚年生活，继续成为参加经济活动的、有用的公民。应努力发展家庭照料，以提供必要的优质保健和社会服务，以便使老年人能够在他们各自的社区中尽可能长久地独立生活。"这是倡导以社区养老服务为依托的居家养老，让老年人在家中接受子女和社区的照料服务，切实提高老年人晚年生活质量的必要之举。

实事求是地说，社区是老年人晚年的主要活动场所和聚居之地，老年人退休后，随着年龄的增加和身体状况的下降，老年人对社区的养老护理服务的需求愈加迫切，依附性逐年增强。而且，依托社区构筑养老服务体系不仅方便易行、针对性强、参与面广，而且能使老年人在自己熟悉的社区里生活，老年人身心非常愉快。所以，社区提供的养老服务是解决老年人护理问题的最佳途径。

通常认为，社区的养老服务就是通过政府扶持、社会参与，以社区服务为依托，以专业化、半专业化服务为依靠，向居家养老的老年人提供社会化养老服务。社区的养老服务包含了社区、社会、政府三者之间的关系，必须妥善处理。第一，社区的养老服务是社区资源、社会职责、政府职能的有机结合。社区的养老服务是福利性事业，政府的宏观调控是其发展的保证，社区养老资源的参与是其发展的支撑，必须把三者有机结合起来，才能搞好社区的养老服务。第二，社区的养老服务必须服务社会。社区的养老服务必须适应我国人口老龄化大环境的发展要求，针对近年来出现的养老难问题，必须高度重视，切实提高老年人的生活质量，真正做到老年人老有所养、老有所医、老有所教、老有所学、老有所乐。第三，社区的养老服务必须依托社区。社区是社会的基本单元，是老年人晚年生活所在，社区可为老年人提供多样化的服务。社区的养老服务需要社区各种力量的广泛参与，这是社区的养老服务生命力之所在。

我国的社区养老服务主要由民政部门管理，负责政策的制定、法规的执行和资金的筹集。民政部是社区养老服务的最高主管单位和宏观管理机构，地方各级民政部门主要负责本地区养老方案的制定和施行，地方民政部门根据本地区经济、社会发展状况，有权在政策制定上有一定的灵活性。这种做法避免了各部门之间的互相推卸，使计划与管理达到有机结合。同时，地方政府又具有社区的养老发展的自主性，可以结合本地区的优势和实际情况，制定不同的发展目标。所以，我国目前专一管理部门的管理和分权式管理相结合的模式是我国社区养老服务发展的制度保障。

人力资源是搞好社区养老服务的基本要素之一。目前，我国从事社区养老服务工作人员的构成主要有三类：①专业服务人员，是指经过专门培训，具有某方面专业特长，从事社区养老服务的专职工作人员。他们具有老年人护理、日常保健、生活照料等方面的专业知识，经过专门培训，富有工作经验。这些人员主要分布在社区养老机构中，他们在整个社区养老服务人员中，比例较低。专业服务人员的优势在于服务专业化，能满足老年人的养老需要，能提高整体服务素质和整个社区养老服务水平，增强老年人对社区养老服务的信任，吸引更多的老年人加入社区养老队伍中来，从而有利于社区养老服务事业的发展。②社区志愿服务人员，是指不要任何报酬，乐于为老年人提供多种服务的义务工作的社区服务人员。他们中有社区低龄老年人、大中学生及社会各界人士，提供的服务包括健康讲座、娱乐活动、家政服务、身体检查等。我国社区养老服务中，社区志愿人员发挥了较大作用，截至 2006 年年底，全国共有 1300 万人次的志愿者为 280 万名老年人提供了超过 6.3 亿小时的义务服务，建立志愿者为老服务站 6 万多个。社区志愿服务人员极大地推动了社区养老、助老事业的发展。③社区专职服务人员，是指领取一定报酬的服务人员，包括失业者、享受低保人员、家政公司人员、非营利机构人员、失业工人、外来打工人员等。这些人员主要来自服务的社区，报酬较低，容易与养老的老年人产生共鸣，利于双方关系的协调，便于养老服务的开展。社区养老服务可为这些人提供工作岗位，解决其就业问题。目前这部分人员是社区提供养老服务的主体，但这类从业人员总体素质不高，不具备专业护理知识，服务意识较差，职业道德有待提高。

3.2.2 社区养老服务体系

我国社区服务经过多年的发展完善，已形成了较大规模，社区服务内容繁多。从服务对象上可分为两类：一类是面对社区内全体居民的一般性服务，包括文化教育、医疗保健、便民利民、环境保护等；另一类是以老年人、残疾人等有困难和障碍的人为对象的服务，其中主要是针对老年人的养老服务。我国自 2000 年进入人口老龄化社会，家庭已难以承担越来越多的老年人养老的服务。所以，我国从 20 世纪 90 年代开始，把社区服务引入家庭养老中来，使社区服务和居家养老密切结合，使有限的资源发挥最大效益，让老年人在社区中参与各种社会和文化娱乐活动，确保老年人在自己的社区和家中安度晚年。经过十几年发展，如今已初步建立了以社区为依托，为老年人提供多种服务的社区养老福利体系，使广大老年人的生活质量得到明显改善和提高。

社区养老服务体系根据被照顾老年人的年龄、身体状况、心理等不同因素，主要分为社区居家养老服务体系和社区养老机构服务体系。

1. 社区居家养老服务体系

社区居家养老服务体系是指由老年人所在的社区向居家老年人提供形式多样的照料服务，以使老年人身心愉快地在自己家中和熟悉的社区中生活。它服务的对象主要是低龄、身体强健、日常生活能够自理或日常生活能够部分自理的老年人。居家养老服务的提供者主要是社区服务机构，包括政府主办、非政府主办、企业性质的社区机构，家庭、邻居、志愿者组织等提供的服务。社区居家养老服务体系在城市养老服务体系中具有重要作用，它扮演着老年人的“眼睛”和“手脚”的角色，是保证老年人生活质量的强有力保障。居家养老服务发展得越好，居家养老方式就越可能得到维系，所以它在社区养老服务体系中占有比重较大，发展前景广阔。社区居家养老服务体系主要包括以下几方面的内容。

第一，老年人包户服务。这是我国社区开展得较早、较广泛、较完善的养老服务。主要有两种包户服务，一种是单位和个人的包户服务，另一种是邻里包户服务。在单位和个人的包户服务中，被包户的老年人除社会救济孤老，还包括退休孤老和身边无子女及生活有困难的老年人。包户服务的做法是：由社区和参加服务的单位和个人签订包户协议，选定服务人员、服务项目、服务时间，社区负责对包户服务进行组织、检查。具体的服务项目包括：粮店送粮、菜场送菜、理发店上门理发，医院打针送药、定期巡回检查，服务者上门清扫卫生，老年人所在单位年节探望等。邻里包户服务是指社区组织邻居，与养老有困难的老年人结成对子，为老年人提供服务，服务者给老年人送药送水、代购物品，帮助安排生活和处理家务。

第二，老年人日常照料服务，包括开设老年人餐桌、老年人食堂、家政服务中心。许多老年人，尤其是单身老年人和体弱多病的老年人，自己不喜欢买菜做饭、料理家务、打扫卫生，希望能有适合老年特点的食堂、餐馆，能在家政服务中心请到满意的家政服务人员料理日常生活，到老年人家中提供各种服务，如给老年人送饭做饭、个人清洁、购物、维修等。还可建立老年人日间护理中心，为白天缺乏家人照顾的老年人提供生活照料，即家人早上将老年人送到日间护理中心，晚上将老年人接回。白天的服务包括膳食、个人卫生、健康护理、护送看病等。再有设立社区老年购物中心，使老年人能够根据自己的特点和需要，买到合适的食品、衣物及各种日用品，满足老年人的晚年生活需求。

第三，老年人文化、体育、娱乐服务。随着社会生产力的发展、人民生活水平的提高，老年人在经济上有了物质保障的同时，在精神需求上愈发迫切，渴望丰富的文体娱乐活动，以扩大社交范围，使精神生活得到充实。特别是近些年来，城市中离退休干部、知识分子的增加，他们离开原来的单位，回到社区中，易产生孤独、寂寞，社区养老服务在这方面为老年人创造条件，使其继续参与社会生活，建立新的社会联系和社交圈子。我国许多城市都建立了社区老年活动中心、老年书社、老年人之家、老年人乐园等，它们可为老年人提供娱乐活动和开展一般的文体活动；还可开办社区老年大学，利用广播、电视、网络、函授等多种方式，也有的采取集中授课的方式开办老年书画班、音乐班等，满足老年人求知、自尊的需求；设立老年人才市场，老年人群体是一个蕴含着极大开发价值的人才资源群体，尤其是老年科技工作者，是国家的宝贵财富，通过设立老年人才市场，使这类老年人找到发挥余热的场所，以自己的一技之长再就业，奉献社会，体现自身价值。

第四，老年人权益保健服务。这是为满足老年人的某些特殊需要而设立的工作和服务项目，具体由社区组织出面对老年人的经济、健康、家庭生活、心理等方面的权益提供保障。设立老年婚姻介绍所，伴随家庭小型化的趋势，鳏寡老年人日益增多，老年人求偶需求增加，设立婚介所，帮助离异、丧偶老年人求得生活伴侣，以便相互照顾，安度晚年；建立社区心理服务中心，举办心理讲座，宣传心理卫生知识，开展心理咨询，有助于老年人排除心理障碍，消除不稳定因素；设立社区老年人法律援助中心，在社区内开展老年人法律援助和咨询服务，增强社区老年人维权意识和法律意识，使其在权益被伤害时，能用法律武器维护自身权益；建立社区医院，为老年人提供健康保障和保健服务，包括家庭治疗、家庭护理、家庭理疗、健康体检、家庭病床、医疗保健、健康教育等。

2. 社区养老机构服务体系

社区养老机构服务是指对高龄老年人和身体状况较差、日常生活不能完全自理而家庭又无力照顾的老年人所提供的服务。老年人随着年龄的增加，健康状况日益恶化，加之子女工作繁忙，其晚年生活的照顾不是子女完全可以承担的。这种情况下，通过社区设置的养老院、敬老院、老年人公寓、托老所等福利机构，为有这方面需要的老年人提供全方位照顾，包括生活护理、医疗服务、康复训练、精神陪护等，帮助老年人在社区养老机构中健康愉快地安度晚年。需要说明的是，社区养老机构属于“住院式照料”，和传统机构照料不同，它是分散在社区中的小型养老设施，在此养老的老年人可以经常与亲人、朋友、熟人见面，家人也方便探望。因此，它和传统养老机构将老年人和其生活的社区隔离开来完全不同。社区养老机构服务体系主要包括以下两个方面。

第一，社区养老院（敬老院）。这类养老院规模较小，位于社区之中，属于社区中的公益事业，可得到社区内的居民和单位的资助。养老院内的生活设施比较齐备，有专人负责护理工作，逢年过节社区的干部也到养老院慰问，为过生日的老年人祝寿，带老年人外出旅游。养老院和附近医院结成帮扶对象，医生定期上门检查，及时为老年人看病、治病，做到老有所医。目前，社区养老院福利性和有偿性服务相结合，对孤老优先收养和义务服务，对其他老年人实行自费或优惠费用收养。社区养老院实行岗位目标责任制，建立有养老老年人参加的民主管理小组，加强监督，提高服务质量。

第二，社区老年公寓和托老所。社区老年公寓也是位于社区之中，生活设施较为齐全，必要的服务应有尽有，公寓内设有老年人“生命线”，24小时为老年人开通服务，老年人需要服务或感到不适，只要按动按钮就可获得帮助，老年人在公寓内可自由自在地生活，而且收费较低。社区托老所是指保姆和家人临时外出或度假，将无人照料的老年人暂时送到托老所，由社区服务人员代为照顾，时间可以是几天，一般不超过一个月。

随着我国养老保险制度的改革、离退休人员由“单位人”变成“社会人”步伐的加快，老年人会产生更多需求，这对社区养老服务提出了更高的服务要求。

3.2.3　社区的养老服务特点

相对于社会养老保险制度，社区的养老服务是在政府的倡导下，为满足社区老年人的多种养老需求，以区、街道、居委会的社区组织为依托，服务于社区的老年居民，任丽新认为社区的养老服务具有非制度性、综合性、互动性等特点。

第一，非制度性。如果说社会养老保险是一种制度化保障的话，那么社区的养老服务保障则属于非制度性措施。社会养老保险是按照社会保障制度改革的总目标，以法律、规定、决定等形式确定下来，具有国家的权威性和制度的不易变动性，如统筹水平、养老金数额和个人账户构成等都是国家强制规定的。而社区的养老服务是非制度性的措施，具有区域性、群众性、社会性等特征，这样社区的养老服务无论是内容上还是形式上都更加灵活和富有弹性，可以根据具体的服务对象，采取不同的服务内容，从而有针对性地满足不同老年人的养老需要。从这个层面上，社区养老服务对社会养老保险制度是必要的、有益的补充，社会保险制度主要从物质上满足老年人的养老需求，而社区养老服务则从日常生活中为老年人提供服务，二者为主辅关系，尽管社区养老服务不属于社会养老保险体系，但它对提高我国的养老保障水平有着较大的意义。

第二，综合性。建立和健全社会养老保障制度要以经济的发展为基础，根据经济发展水平合理地确定保障方式和标准，量力而行，循序渐进。总体来看，我国处于社会主义初级阶段，生产力发展水平不高，物质基础较薄弱，养老保障覆盖范围窄、制度不健全、管理薄弱等。即使是社会养老保险制度，也不够健全，它是为退休人员提供基本的经济来源，解决的是基本的物质方面的需求，至于如何服务、经费从哪里来，社会养老保险制度根本没有涉及，这对于养老保障来说远远不够，养老所需要的社会资源是多方面的，仅就社会保障制度内容来看，社会救济、社会福利、社会互助等都与养老保障密切相关。社区服务也涉及这些方面，通过社区养老服务，为养老保障提供全方位的支持，使养老不再成为单纯的经济行为，而是使养老过程呈现出鲜明的道义性和人文性。这不仅有利于养老事业的发展完善，还有利于积极社会风尚的形成，使千百年来人们所提倡的“老吾老以及人之老”的理想成为现实。

第三，福利性。福利性是指社区的养老服务不以营利为目的，而是造福于社区老年居民，以较小的花费为老年人提供较大的实惠和方便。当前老年人十分需要社区养老服务，它的发展必须贯彻福利性的原则。具体地说，福利性主要表现在下列几个方面：①服务目标的福利性。商业性服务以追求利润为目标，在实施等价交换的前提下为人们提供服务，追求利润最大化，而社区养老服务与此不同，它是为困难的养老家庭提供的养老服务，旨在维护社会公平，增进社会福利。②服务对象的福利性。福利性服务对象应该有明确的界定，其界定主要是根据老年人及其家庭的经济状况来确定，不论是发达国家还是发展我国家，都有对老年人等弱势群体进行福利照顾的规定。③服务效益的福利性。社区的养老服务不可能全部是免费服务，在一定程度上也讲究经济效益，但它不以赚钱为目的，通过提供保本收费服务，谋求收支平衡，追求社会效益和经济效益的统一。④服务资源的福利性。服务资源主要是社区的公共资源，包括社区已有的公共场所、设施、志愿者服务、企业捐献等。在城市社区主要是通过社区居民的互助和社区的服务，充分挖掘社区的人力和物力，为社会保障资金和服务不足提供补充，尤其是通过社区养老服务，使社区居民的互助互济转化为巨大的福利资源。

第四，服务性。目前我国还处于社会主义初级阶段，经济、社会发展水平较低，社区的发展还不尽如人意，绝大多数社区在发挥社会保障功能时，更多的是通过社区的服务，而不是社区的资金。现代社会保障不仅需要资金保障，更需要服务保障，尤其是社会保障资金不足的情况下，高素质的福利服务已成为社会保障制度的重要组成部分。发展社会福利服务，特别是依托社区，发展有针对性的社区养老服务，可以弥补养老保障资金的不足，增强社会养老保障的整体功能。社区贴近于居民，是老年人生活之地，它的较大优势是服务资源的优势，通过社区的社会福利服务、广泛的志愿者服务和居民的互助服务，提高社区的公共福利水平，帮助社区老年人等弱势群体克服困难，改善生活，满足社区养老服务的需求。特别是在人口老龄化现状下，社区为老年人提供的养老服务是其他社会组织和机构都难以替代的。在大批“单位人”日趋转化为“社区人”的情况下，社区养老服务所具有的功能多样性、人文关怀等就显得更为突出和重要。

第五，社会性。社会性是社区养老服务的特征之一，即社区养老服务项目所需资金需要外界资助，资金资助的来源呈现多样化、社会性。①政府包办模式。政府给予一定的财政支持。②星光计划。2001 年 5 月，民政部实施“社区老年服务星光计划”，从中央到地方，通过发行福利彩票的方式筹集福利金，用于改善社区老年人福利服务设施、活动场所。③货币养老模式，就是由有关部门拿出一定的资金，以代币券的形式向特困老年人定期发放，老年人可持券到社区购买服务。④时间储蓄模式，通过组织低龄健康老年人向高龄非健康老年人提供生活照料服务，然后将其服务时间记录存档，等服务者将来需要时，再由其他低龄老年人向其提供服务。⑤社会各方面的捐献等。这些资助应具有稳定性，否则社区养老服务难以正常运转，今后政府资助比例应逐步上升，最终以政府资助为主，因为政府是社会资源的主要拥有者，因此政府应当是社区养老服务事业的主要投资者，政府不能在社区养老服务发展过程中充当配角。

第六，区域性。区域性是指在具有一定的人口、地域、文化背景下的区域中进行的社区养老服务，也是社区保障与一般社会保障在空间范围的主要区别。社区养老服务是整个社会保障的一部分，是社区在自身的区域范围内，依法履行其社会服务职能，保障和服务的基本对象是社区的居民。不同的社区面临老年人的具体服务的需求不同，因此需要社区依照社会保障的法规和政策，针对区域的特殊性，发挥其区域性保障服务载体的特殊功能。在保障资源的配置、服务的提供、设施的建立等方面，必须结合本社区的实际情况，发挥社区的多种优势，有针对性地满足本社区老年人的养老服务需要，使社区成为多元福利体系的功能主体之一。这种社区的主体功能和区域服务保障的针对性有利于构筑多层次、有地方特色的社会养老服务保障体系，提高社会养老服务保障的覆盖面和保障效率。

第七，互动性。虽然国家在制定养老制度时会考虑老年人各方面情况，但是具体到老年人个体很难对养老保障制度产生何种影响。而社区服务则不同，它由社区成员广泛参与，在社区养老服务中，一个老年人既是被养老、服务的对象，又是养老服务的主体，社区的养老服务是面对面进行的，充分体现了社区养老服务的主动性、互动性。它可以根据实际情况调整服务政策和服务内容，为社区老年人提供良好的养老服务。互动性还指社区养老服务要充分挖掘社区资源，调动社区群众力量，鼓励社区成员互相帮助、互相支持，为社区的老年人提供物质帮助和精神支持。这种互动性增强了社区居民的归属感和社区意识，还体现了良好的社区精神风貌。

3.2.4 社区养老服务的主要作用

社区是地域性社会生活共同体，社区在实现人性关怀、提供社会公共服务方面有着政府、市场无法替代的功能。目前，在工业化国家的福利体制的多元化变革中，社区养老服务正在兴起，如英国的社区照顾、日本的居家护理服务等。有着悠久历史文化的我国，社区所具有的福利功能和近邻互济的传统更应该得到挖掘和发扬。近年来，社区养老服务已在我国兴起，地位日益被人们重视，功能逐渐得到加强。社区是老年人晚年生活的第二空间，也是社会化养老服务的主要阵地，社区养老服务需要社区参与和发挥养老服务功能。

第一，社区养老服务能弥补家庭养老、机构养老、商业化养老之不足。①社区养老服务和家庭养老功能互补。家庭养老是我国的主要养老方式，但随着社会的发展变化，家庭规模日益小型化，照顾老年人的子女减少，同时年轻人不再奉行“父母在，不远游”的文化传统，而是志在远方，寻求更好的发展空间，照顾老年人的时间严重不足。另外，现代社会竞争非常激烈，人们工作压力较大，生活节奏加快，加之生活观念的转变，老少分居成为常态，造成年轻人照顾老年人的精力减少。总之，家庭养老功能已严重弱化，照料老年人尤其是照料无子女或子女不在身边的老年人的生活问题尤为突出。社区养老服务则能弥补家庭养老功能的缺陷，特别是病弱老年人的身体看护、高龄老年人的生活照顾、空巢老年人的精神慰藉等，解决老年人生活照料的困难，没有社区养老服务，现代社会家庭养老便难以支撑。②社区养老服务和机构养老功能互补。从理论上讲，机构养老具有比较优势和规模效应，它通过适度集中养老，实现养老资源的优化配置，实现全天服务，减轻养老负担，提高老年人生活质量，满足老年人的养老需求。但到目前为止，机构养老运行存在一些问题，远远满足不了老年人差异性的养老需求，还有昂贵的院舍养老成本、孤独寂寞等。而社区养老服务不仅投资少、成本低、服务广、受益大、收费低廉，而且通过社区为老年人提供的各种服务，帮助老年人实现角色转变，加强老年人与社区的联系，以及社会适应能力，从而促进老年人的身心健康，延缓其衰老。③社区养老服务与商业化养老功能互补。一般而言，商业化养老服务对象为社会全体老年人，社区养老服务对象主要是不能通过商业化服务来满足养老需求的老年人。在服务项目上，商业化养老服务可以提供老年人所需的大多需求，社区养老服务必须根据整个社会的经济发展状况及社区的实际情况，提供老年人养老所需的基本要求。

第二，社区养老服务对养老保障制度具有补充作用。随着我国社会主义市场经济体制的逐步确立和完善，我国养老保障事业有了巨大发展，离退休职工的基本养老保险制度、基本医疗保险制度已建立起来，养老金、医疗金得到了充分保证。但是，养老金的社会需求和供给的矛盾仍然是我国养老保障制度面临的基本问题，不但广大农村老年人被边缘化于养老保障制度之外，而且城市里也有一批人不能按时足额地领到养老金，即使是获得养老金的老年人，得到的经济保障水平也是有限的，当社会还不能为老年人提供较高的退休待遇时，社区养老服务弥补了物质上的不足。有的老年人由于财力不足，生活较困难，社区养老服务应发挥其福利性功能，多方筹集资金，购买居家养老服务，发放养老券，补贴老年人养老。大连社区居家养老服务的具体做法是："根据社区老年人经济条件和养护员岗位的需求，分为 A、B、C、D 四个档次。A 类：每户每月享受政府补贴 300 元，条件是户籍、居住在本地，生活基本不能自理的高龄（80 岁左右）三无老年人（无劳动能力、无生活来源、无法定赡养的人）、无子女享受低保的老年人；B 类：每户每月享受的政府养护补贴 200 元，条件是户籍、居住在本地，生活需要照料的男 70 岁、女 65 岁以上的老年人；双亲老年人家庭月收入 1000 元以内（含 1000 元）、单亲老年人家庭月收入在 600 元以内（含 600 元）的，年龄在 70 岁以上的病重老年人；C 类：每户每月享受政府养护补贴 100 元，条件是在享受 B 类条件以外的社会老年人生活需要照料的；夫妻一方有重病，生活不能自理的，另一方是失业人员且同时享受低保待遇家庭的；D 类：居住在本地，经济条件较好，需要此项服务的自费老年人。"

第三，社区养老服务对老年人日常生活有保障作用。随着经济全球一体化，社会中人口流动加快，青年人为了自己的理想抱负，有的去国外读书、工作，有的到国内其他城市发展，由此导致许多老年人的子女身处异地他乡，而老年人又不愿离开自己长期工作、生活的地方，所以老年人只能自己单独居住，这样，他们的日常生活在很大程度上依赖社区。即使是和子女在同一城市居住，由于子女工作忙碌，时间和精力的限制，子女亦不能为老年人的日常照料提供全面服务，老年人的日常生活保障依然离不开社区养老服务。现在我国城市社区开办了许多为老年人服务的设施，如开办老年食堂，一般家庭早餐比较简便，午餐均在工作单位，晚餐则一家人团聚在一起，这样午餐只有老年人自己解决，有的老年人嫌做饭麻烦，有的老年人自理午餐有困难，社区可开办老年食堂，由于物美价廉，吸引许多老年人就餐；开办老年护理服务中心，为老年人提供系列服务，如为老年人理发、洗衣、做饭、送粮、过生日、送医送药、打针，举办老年医疗保健知识讲座和医疗咨询，以提高老年人保健能力；设立社区老年病床，收养卧床不起、生活不能自理的老年人，为老年人提供全方位的服务。这些情况表明，社区组织和机构提供的社会照顾资源已普遍为老年人所接受，并逐步开始在养老保障中发挥重要作用。

第四，社区养老服务能满足老年人的精神需求。老年人的精神需求是指老年人在身体衰老过程中，由于生理和社会环境的变化而产生的主观心理需求。老年人退休后，从自己原来熟悉的工作岗位上退下来，某种程度上和社会疏远了，不可避免地会产生孤独和失落，再加上老年人的闲暇时间多，子女由于忙工作，很少有充足时间陪伴老年人，更容易使老年人产生被冷落感。另外，由于老年人与年轻人沟通存在一定代沟，极易造成"老小孩"

现象，从而引发老年人心理健康问题，使老年人精神苦闷。社区内的老年人活动项目是社区养老服务精神赡养的主要实现途径，它能帮助老年人丰富生活内容，充实老年人的精神生活。街道、居委会开展了许多有益工作：举办老年学校，开设多项课程，如书法、绘画、烹饪、花鸟鱼虫培训等，应有尽有；开展适合老年人的体育活动，如太极拳、气功、健身操、老年门球；举办丰富多彩的文娱活动，如老年舞会、老年合唱团、老年活动室等，喝茶、看报、下棋、打牌；开设老年人谈心室和老年人热线电话，耐心倾听，合理解释，使愁眉苦脸而来的老年人，笑逐颜开而去。总之，社区老年活动满足老年人的慰藉效果非常明显。文体活动、倾诉、获得他人的建议、了解他人的想法构成了社区精神赡养的主要内容。老年人在各种活动中慢慢调适自身的角色，重新认识与接受进入老年期后的自己，在这个过程中，马斯洛需求层次理论中的自我实现需求得到满足，社会所倡导的老有所为的目标得到实现。

第五，社区养老服务帮助老年人解决特殊需要。老年是人生旅途的最后一个阶段，在最后阶段，老年人会有许多特殊需要，面临着比其他社会群体更多、更棘手的问题，帮助老年人满足特殊需要也是社区养老服务的重要内容。有的老年人丧偶，需要再觅伴侣，社区可开设婚姻介绍服务；有的老年人遭到不肖子孙冷遇，甚至人格尊严、财产、住房受到他人侵犯，社区设立老年人法律咨询站为侵权老年人伸张正义；孤寡老年人仙逝，社区为其操办后事，入土为安。还有临终关怀、社区医疗服务、社区信息协调服务等，都对老年人幸福平安地度过余生具有积极意义和作用，而这些问题，政府鞭长莫及，单位无能为力，家庭也因种种原因不能解决。

3.3 非营利组织的养老功能

20 世纪 30 年代初，西方国家建立了“从摇篮到坟墓”的全面社会保障制度，但到了 20 世纪 70 年代随着石油危机的爆发，世界经济发展放缓，巨额的社会福利支出使这些国家不堪重负，普遍陷入了“福利病”的困境。政府被迫进行改革，选择在一定程度和范围退出社会福利领域，将目光转向非营利组织，政府由社会福利的提供者转变为福利服务的规范者、购买者、管理和仲裁者，强调非营利组织的参与合作，通过非营利组织的运作，达到提供社会福利服务的目的，提高社会福利的供给效率，取得了良好的效果。

我国已进入老龄化社会，人口老龄化给社会保障带来了巨大挑战，单纯依靠政府和家庭养老已不能适应未来社会的养老需求。所以必须对传统的养老保障体制改革，充分调动各种资源，构建多元化社会福利格局，并借鉴国外的做法，发挥非营利组织在养老保障中的作用。

3.3.1 非营利组织的概念界定

国际社会对非营利组织的关注开始于20世纪80年代，它是在西方社会背景下孕育和发展起来的。非营利组织又称为“非政府组织”“民间组织”“公民社会”“第三部门”“志愿者组织”“慈善组织”等。关于对非营利组织的探讨，不同的学者从不同的角度对其有不同的界定，总的来说，因为非营利组织本身相当复杂，而且我国的情况和外国有较大的不同，所以对其界定较为困难。

1. 国外非营利组织的界定

非营利组织是一个自美国发源并向世界流传的新名词，它的原意是私人为实现自己的某种非经济愿望或目标而发起的各种各样的社会机构或组织。随着非营利组织的发展，非营利组织的原有含义发生变化，有的专家、学者往往从自己研究的领域和角度出发，界定非营利组织，于是就出现了对非营利组织的多种叫法。综合分析，国际上非营利组织的定义比较有代表性的观点主要有以下几种。

第一，法律定义。美国税法规定，非营利组织本质上是一种组织，其净盈余的分配包括给任何监督与经营该组织的人，如组织的成员、董事或理事的报酬，都受到限制，它必须符合下列条件：①该组织的运作目标完全是为了从事慈善性、教育性、宗教性和科学的事业，或者是为了达到该税法明文规定的其他目的；②该组织的净收入不能用于使私人受惠；③该组织所从事的主要活动不是为了影响立法，也不干预公开的选举。

第二，经济定义。即依据非营利组织的资金来源加以定义。联合国的国民经济核算体系将经济活动划分为五大类：金融机构、非金融机构、政府、非营利组织、家庭。非营利组织与其他4类社会组织的区别在于，非营利组织的大部分收入不是来自以市场价格出售的商品和服务，而是来自其会员缴纳的会费和支持者的捐赠。如果一个组织的一半以上资金来自以市场价格销售的收入，其就是营利部门，而一个组织的资金主要依靠政府的资助则是政府部门。

第三，组织特征定义。美国沃尔夫认为，非营利组织有5个基本特征：一是有服务大众的宗旨；二是有不以营利为目的的组织结构；三是有一个不致令任何个人利己营私的管理制度；四是本身具有合法免税地位；五是具有可提供捐赠人减免的合法地位。凡符合这5个基本特征的被认为是非营利组织。

第四，结构与运作定义。这一定义是由美国萨拉蒙教授提出来的，它着眼于组织的基本结构和运作方式，认为符合下列条件的组织即是非营利组织：①组织性。即有一定的组织机构，是根据国家法律注册的独立法人。②民间性。非营利组织不是政府的一部分，不由政府领导。③非营利性。不是为其拥有者积累利润，非营利组织可以营利，但不能在组织的所有者和经营者中分配。④自治性。非营利组织自己管理自己，不受外部控制。⑤志愿性。非营利组织所开展的活动和管理中，志愿者广泛参与。⑥公益性。即服务于某些公共目的和公众奉献，而不是为某些特定的对象与人的利益服务。

以上四种定义各有侧重，法律上的定义在一国之内非常明确，但是各国法律区别较大，无法进行比较研究，而经济上的定义缺陷在于很难确定一个具体的比例。结构与动作定义也不太适合我国国情，如果那样的话我国的绝大多数社会团体都会被排除在非营利组织之外，欧洲、日本的非营利组织也会被排除在非营利组织之外。组织特征定义具有包容性和国际的比较，能将不同国家非营利组织包容进去，我国绝大多数社会团体、非营利的单位都符合这些条件。

2. 非营利组织的本土化理解

20 世纪 90 年代初，我国有学者开始关注非营利组织，所以非营利组织研究在我国还是一个较新的研究领域，目前专家、学者在不少概念上没有明确统一的认识，主要还是借鉴西方的理论。在我国，完全符合西方标准的非营利组织不多，但又存在行为和运行机构不同于政府、企业的社会组织，所以我国多数学者倾向于不将非营利组织的定义限制过于严格，认为只要是从事非营利性活动，满足志愿性、公益性等要求，具有不同程度的独立性和自治性，即可称为非营利组织。但在我国的现实生活中，非营利组织的界定并非如此。1998 年，国务院民政部社会团体管理局更名为民间组织管理局，非营利组织作为民间组织的代名词在我国广泛使用。根据规定，非营利组织只有在民政部门登记注册才是非营利组织，所以我国各种非营利组织实际上分为两大类，如图 3.1 所示。第一类，民政部门登记注册的非营利组织，即合法性非营利组织，分为社会团体、基金会、民办非企业单位三大类别。社会团体分为学术性、行业性、联合性、专业性四种类型；基金会分为公募型和非公募型两种；民办非企业单位分为非营利学校、非营利医院等 5 类。第二类，未登记的非营利组织。主要包括在政府其他部门或相应的企业、事业单位挂靠的民办单位，如各种咨询服务机构、工商部门以企业形式登记的非营利组织、各种社区社团组织、境外在华非营利组织。这种分类的可取之处在于较全面，可将我国登记、未登记的都纳入非营利组织的结构体系，具有一定的前瞻性。

综合分析，无论在国内还是国外，非营利组织都不是具有明确内涵和外延的术语，各个国家根据自己的实际需要有不同的侧重，它强调的是类似的属性，即独立于政府和企业之外的社会组织。本书所指的非营利组织是指在政府和社会、政府和市场、政府和企业之间发挥服务、沟通、协调、监督等作用的社会组织，具有组织性、民间性、非营利性、自治性、志愿性、公益性的特点。

我国非营利组织基本分类如图 3.1 所示。

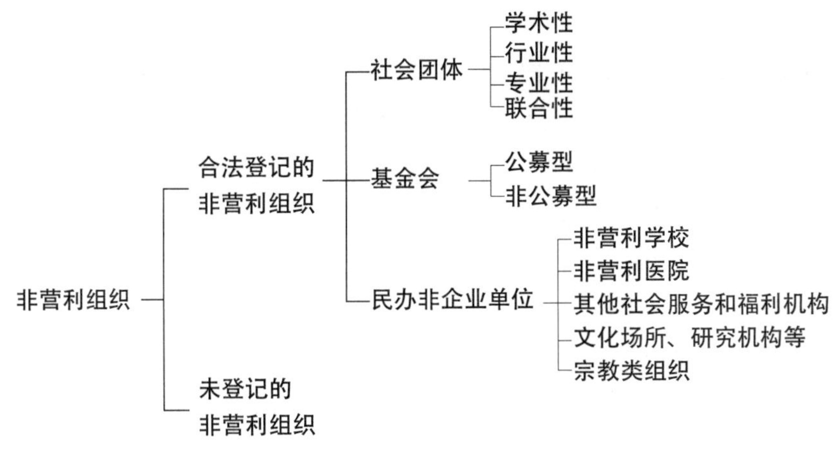

图 3.1　我国非营利组织基本分类

3.3.2　非营利组织参与居家养老

我国是世界上老年人口最多的国家，未富先老的国情使我国面临的养老形势十分严峻，我国养老保障出路何在？西方社会非营利组织在社会福利中的角色，尤其是作为养老服务的替代性提供者，已经引起人们的广泛关注，它为我们摆脱养老保障的困境指明了方向——非营利组织参与居家养老。

非营利组织参与居家养老是指非营利组织依法通过相应途径，并以多种方式，参与居家养老管理并提供相关服务，从而增加社会和公众养老服务的行为。这里所说的参与是指包括谁来参与、参与什么、怎样参与三方面，谁来参与指的是参与的主体是非营利组织；参与什么是指参与的内容是养老保障管理、监督政府行为、提供具体服务；怎样参与则是指参与的具体途径是非营利组织成员任职于政府机构、参加会议、提出建议等。

非营利组织参与居家养老的主要内容是指非营利组织通过各种方式和途径，参与居家养老保障政策的制订、修改和评估，参与检查和监督居家养老的实施情况，参与处理居家养老实施过程中的各种事务，包括有关的争议等，对居家养老的政府行为进行有效监督。在养老保障领域，政府也有失范行为，有的地方政府擅自挪用养老金以作他用，有的地方政府没有制定科学、长远的养老保障政策，这些都不利于养老保障的健康发展。需要非营利组织等社会各方监督政府为老年人提供各种各样的服务，满足不同老年人的需要，从而提高老年人的福利水平。

非营利组织参与居家养老主要有直接参与和间接参与两大类。

1. 非营利组织直接参与居家养老

非营利组织通过竞选养老主管机构的相关职位，在政府机构任职直接参与居家养老相关的事务。在居家养老服务项目上，通过承包政府的居家养老项目为老年人提供服务。参加听证会，非营利组织可以通过参加居家养老保障方面的听证会来表达自己的意见和主张；通过参加涉及养老保障的相关会议、例行会议，如养老金构成比例的调整等，从而直接影响政府的决策。

2. 非营利组织间接参与居家养老

非营利组织向政府建言献策，提供各种建议和意见，从而达到集思广益而有利于居家养老保障事业的发展。非营利组织可以就与居家养老保障有关的某一特定议题举办各种形式的座谈会，并在活动中邀请政府官员、学者、专家等进行沟通和交流，非营利组织可借此更好地阐述自己的观点和建议，进而影响社会舆论及政府态度。非营利组织还可以通过出版杂志等方式来表达自己在居家养老保障方面的主张，并通过开通自己的网站，充分利用网络快捷的特点，定期向公民发布有关居家养老保障的信息，通过举办网上论坛、民意测验等来影响政府有关居家养老保障的政策。此外，非营利组织还可以通过新闻媒介的力量来扩大自己的影响力，并且借助新闻媒体的力量更好地引起政府和公民的重视。非营利组织借助国际力量这一途径也将越来越多，国际力量的支持与声援能够扩大非营利组织的影响力，从而达到非营利组织更好地参与居家养老保障这一目标。

3.3.3 非营利组织在居家养老中的角色

非营利组织参与居家养老主要是通过政府购买居家养老服务的形式出现的。政府购买居家养老服务起源于西方社会的社区照顾，最早出现于英国。西方国家政府在购买居家养老服务时，首先向社会公布社会福利的预算，公布政府购买服务的价格、数量、要求等相关各项质量指标，从事社会公共服务的非营利组织通过投标的方式，在中标之后，拿到政府购买服务的资金，按照政府的要求完成任务。简单来说，就是政府将原来由自己直接举办的养老服务事项交给有资质的非营利组织来完成，并根据非营利组织提供养老服务的数量和质量支付养老服务费用。这是一种“政府承担、定项委托、合同管理”的新型公共服务的方式。它的最大意义是公共服务的提供契约化，政府和非营利组织之间构成平等、独立的契约双方。从运行的效果看，政府从直接生产公共物品的领域退出，让非政府部门去生产公共物品，政府作为购买者可选择价格低、产品质量好的公共物品提供给社会，取得了良好的效果。

政府购买居家养老服务。这一制度在西方国家发展较为成熟，在我国则处于探索阶段。我国部分地区特别是东部沿海发达地区，立足当地人口老龄化的发展水平和老年人社会化养老的实际需要，借鉴西方社会的购买服务，建立了政府购买养老服务、非营利组织提供养老服务、居家老年人享受养老服务的政府购买居家养老服务政策，从而形成了政府扶持、非营利组织提供、居家老年人享受服务的运作机制，非营利组织在居家养老服务中占有举足轻重的地位。

政府扶持。在居家养老服务中，政府扮演着政策制定的角色，主要是指立法部门以及中央政府、地方政府等决策部门，负责法规、政策的制定，统筹社区养老资源，力图实现社会资源的公正、公平分配，缓和社会矛盾，解决百姓养老问题；多渠道筹集政府购买居家养老服务资金，以政府财政投入为主，福利彩票公益金为辅，统筹制定优惠政策吸引社会投资资金，加强社区居家养老服务机构建设，完善社区居家养老服务机构标准、服务守则、服务规范，丰富服务内容，改善服务设施；完善政府购买居家养老服务的监管体系，政府部门不仅要当好服务项目的策划者，还要做好服务项目的监管者和评估者，保障服务对象得到满意服务。

非营利组织提供养老服务。非营利组织作为居家养老服务的提供者，它接受政府委托，开展居家养老服务的具体管理和服务工作，如组织、实施、考核、统计、评估等。具体来说，就是审定需要提供居家养老服务的对象，逐户上门审核，确定服务的内容和标准，包括日常生活照料和因病护理照料，委派专人对居家养老服务质量进行检查和监督。为了提高服务质量，培训居家养老服务员和志愿者，教育其掌握必备的护理知识和健康常识。同时，非营利组织负责推行政策主体制定的方针政策，根据社会需要调整服务计划，在推行政策制定者制定的政策过程中，对政策存在的问题和成效进行评估，并向政策制定者提出改善的建议。

老年人接受服务。老年人是居家养老服务体系中接受养老服务的社会群体，老年人随着年龄增长，人体内各器官及组织细胞的结构及功能出现退行性变化，导致整体水平构成成分的衰老变化和生理功能的下降，反应迟钝，体力减弱，适应力降低，疾病的易感性大大增加，稍有不慎，跌倒、骨折、外伤等意外事故会发生并产生严重后果。自然规律使老年人由青壮年的强者演变成弱势群体，成为整个社会关心和照顾的对象，在家庭规模日益小型化的情况下，传统的家庭养老模式已不能满足老年人养老的需要，迫切需要养老服务社会化，而居家养老服务是充分发挥我国家庭养老模式的最佳途径。同时，随着经济的发展和生活水平的提高，老年人的身体素质和健康状况大大提高，动员和组织老年人再就业，开发老年人力资源，不但能调动老年人的积极性，实现其人生价值，也有利于经济建设，减轻家庭养老的经济压力，可谓一举多得。

居家养老服务参与者的角色定位如图 3.2 所示。

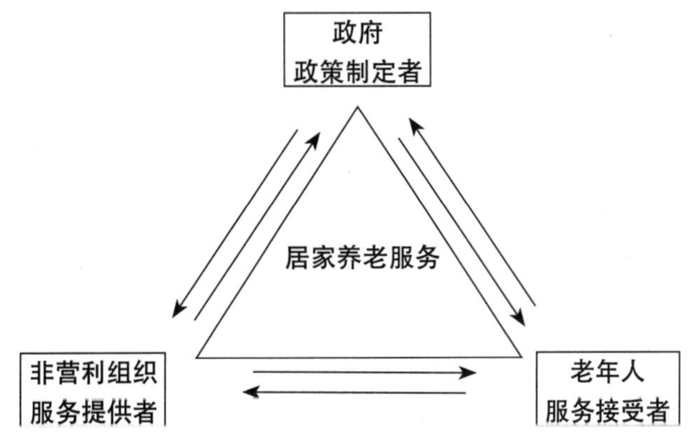

图 3.2　居家养老服务参与者的角色定位

3.3.4 非营利组织参与居家养老的优势

社会福利的发展，经过了由团体的慈善到政府主办，由政府主办发展到政府主持，是同时发动和组织民间力量共同开展社会福利和社会服务的过程。当今世界上许多国家和非营利组织在协助政府共同发展本国社会福利方面做出了巨大贡献，非营利组织逐渐成为社会保障的生力军与崭新资源，这推动了居家养老保障服务的发展与创新，使居家养老保障获得广泛的资源支持，有效缓解了养老保障的压力。与政府相比，非营利组织提供的居家养老服务，灵活性大，贴近基层，效率更高，具有较大的优势。

1. 弥补政府服务不足，满足老年人多样化需求

现代社会是一个多元化的社会，人们的兴趣、爱好、价值观、经济利益都高度多样化，老年人晚年的生活也随着经济社会的发展而不断发展变化，对居家养老服务的需求也呈现出多样化的趋势。老年人的日常生活照料、文化娱乐活动等各种层次的需求，需要社会为其提供服务。但是，政府作为公共物品的提供者，其服务必须面对的是全体社会成员，政府行为具有普遍性。因此，面对社会的需求和利益格局多元化趋势，政府受自身资源、能力、知识以及利益的限制，很难做出及时恰当的反应，导致不能满足数目庞大、种类繁多、彼此冲突的局部需要，而政府在这方面的弱点恰是非营利组织的优势所在，这就为非营利组织提供了广阔的发展空间。非营利组织体现了社会多元化价值，它的产生和发展，本身就是社会需求和利益格局多元化的结果。所以，非营利组织不同于政府，它能够以弹性的方式，在较小的范围内灵活开展服务，它所追求的正是为特定群体提供必需的公共物品，填补政府公共服务上的缺陷。非营利组织的特点，适合承担微观的养老服务职能，缓冲了老年人差异化需要对政府的压力，使政府能够专心于宏观职能，推进政府职能的转变，进一步实现养老保障社会化，从而最终实现政府从划桨到掌舵的职能转变。

2. 提高服务效率，降低居家养老服务成本

非营利组织规模小，在组织体制和活动方式上具有较大的弹性，可以根据形势的发展变化做出及时的调整和反应；非营利组织不以营利为目的，以公共服务为使命，以公共利益为宗旨，政治性不强，官僚化程度低，适合去做政府部门不方便或无暇做的事情；非营利组织的灵活性能够提供不同的养老服务，满足不同层次的老年人需求，弥补政府所不能提供的服务。所以，非营利组织所提供的居家养老服务能够很好地将政府机制与市场机制结合起来，既解决了公共产品私人生产引起的外部不经济问题，又解决了政府生产公共产品效率低下问题，有助于实现公平与效率的统一。非营利组织在提供公共服务时的这些优势使非营利组织能够提高服务的效率，避免官僚的弊端，降低服务成本，不断提高服务质量，以贴近人们的生活，提供高效低成本的个性化服务。

3. 整合社会福利资源，开拓养老保障新视野

计划经济体制，国家掌握着各种社会资源，包括各种养老资源，随着我国社会主义市场经济体制的逐步建立和完善、市场调节力度的不断加强，一部分社会福利资源从国家的

控制中分离出来，进入社会或市场中，分散到个人、各种社会团体的手中。而非营利组织能够整合社会福利服务，提高老年人福利服务的供给效率，满足不断变化的老年人需求，它能在政府、市场和非正规部门之间发挥桥梁中介、协调和沟通的作用。这不但能缓解各种社会矛盾，而且能为不同的部门提供合作的机会，整合不同部门的社会福利资源，优化组合，使各方获得最大效益。非营利组织自身的这种优势使其能够使社会各方参与到居家养老服务中来，为低龄老年人提供了参与的机会，可组织千千万万个志愿者为老年人服务。由于其具有的灵活性，其活动项目能够充分满足老年人的特点，提高老年人的生活质量。非营利组织通过整合社会福利资源，弥补了国家在养老服务方面的不足，而且服务价格低廉，服务由专业化人员提供，保证了服务质量，满足了老年人多方面的需要，开拓了养老保障的新途径，解放了大量的家庭劳动力。

4. 拓展资金来源，保证居家养老服务的可持续性

非营利组织的养老服务资金来源主要有四方面：政府的资助与财政拨款、慈善捐款和企业捐助、国外捐助、非营利组织提供服务获得的收入。非营利组织社会福利资金来源的多元化改变了过去单纯依靠国家财政拨款的单一渠道，拓宽了社会福利资金来源。非营利组织不以营利为目的，立足追求公共利益，有利于接受各方有识之士、善意之人的捐助，可以广泛吸纳闲散资金用于公益事业，弥补政府投入的不足。更为重要的是，非营利组织受到分配的制约，其提供服务所获得的利润不能在组织成员间分配，只能用于组织的开展和各种活动的开展，这样既有利于非营利组织保持自身的公益性和独立性，也为非营利组织开展居家养老服务提供了资金支持。这种资金来源的多元化缓解了我国人口老龄化带来的资金入不敷出问题，因为我国生产力发展水平还较低，即使今后经济快速发展，仍然改变不了未富先老的状况。非营利组织通过社会捐助和自身的积累，形成了良好的社会资本，非营利组织的引入将有效使养老服务资金成为有源之水，使社会保障服务向着可持续化的方向发展。

3.4 政府的养老责任

养老保障作为维护社会公平和促进社会协调发展的重大制度安排，是社会经济发展到一定阶段的产物，是公共选择的结果。当代养老保障和历史上早期养老保障的最大区别是强调政府或国家的责任。早期对生活贫困、生活不能自理的老年人的救助，往往靠慈善事业，对于被救助的老年人来讲，慈善恩赐和公民权利是不同的，可以说，当代养老保障从慈善事业发展到权利责任是人类文明史的进步。当代养老保障，政府扮演着不可或缺的角色。自20世纪80年代以来，西方各国掀起了社会保障制度的改革，各国政府纷纷以不同形式介入社会保障事业。尽管在此之后，经济学家受新自由主义理论的影响，注意到了与市场失灵相对应的政府失效问题，并提出不同以往的政策主张，但都不可否认政府在社会

保障中的积极作用。我国随着老龄化社会的到来，传统家庭养老模式受到严峻挑战，家庭和个人的力量已经难以承担养老责任。由于观念和制度性的限制，政府的养老作用未能彰显，人们期盼政府推进社会化、制度化养老，加大养老投入，并在养老中发挥主导作用。

3.4.1 政府的养老责任界定

在很长的一段时间内，政府作为统治人民的工具，和人民是对立的关系，但从国家和政府产生的最终目的看，人们创设政府是为了过上美好的生活，因为政府及其公共权力产生于人民直接或间接的授权，尽管人民授权的具体方式和过程在不同体制的国家会有所不同，如美国，行政权力源于公民直接授权；英国，政府权力源于公民通过代议机关的间接授权；我国则是人民代表大会制度。这从根本上决定了政府所有的活动必须遵循人民的意愿，对人民负责，为人民服务。政府唯一追求的目标是社会最大限度的幸福，保护个人不受痛苦。我国是社会主义国家，人民是国家的主人，政府是代表人民行使权利并为人民谋福利的机关，因而更应该保障人民生活的各种权利。邓小平认为，社会主义本质是解放生产力，发展生产力，消灭剥削，消除两极分化，最终达到共同富裕。所以，保障所有人的基本需要是社会主义国家追求的目标，也是社会主义优越性的集中表现。养老保障是为社会做出贡献的老年人，在其年老后，为其提供基本生活需求的保障制度，是政府保障老年人生活需要的重要手段，因而政府在养老保障中必然肩负首要的责任。

一般认为，政府的养老责任包括两个方面：一是筹集养老资金，二是提供养老服务。

筹集养老资金，即老年人的经济保障，通常有三个方面来源，包括国家、用人单位、个人。这三个主体所承担的责任是不一样的。从国外经验来看，大致可分为三种：一种是政府承担大部分费用，如加拿大、澳大利亚，政府负担在 50% 以上；第二种是政府承担一部分费用，如美国、意大利，政府只承担 15%~30%；第三种是政府只承担少部分费用，一般在 10% 以下。另外，政府还承担社会保险基金兜底责任，在社会保障基金出现危机时出面救助。因为国情不同，社会保障存在两种不同模式：一种是英国贝弗里奇的福利国家模式，另一种是德国俾斯麦社会保障模式。两者的重大区别在于政府在社会保险中的角色不同，前者为政府主导型，由政府直接管理，资金来源于税收；后者则为社会主导型自治模式，管理上强调共同参与，强调权利与义务，资金以缴费为主。但无论哪种模式，政府对社会保障的投入都是国家在社会保障法律关系中的责任和义务。我国社会保险基金来源包括国家财政、单位缴纳、劳动者个人缴纳三部分，我国目前实行的是社会统筹和个人账户相结合的统账结合的混合型养老保险体制，其目的是加强雇主和雇员的责任，变政府一方负担为多方共同负担，促进各类企业公平竞争。这种独立于企业单位之外的社会保险体系，表面上是由政府的单方面责任变为多方面责任，有利于减轻政府负担，但从实际效果来看，却强化了政府的责任和职能，强化了政府机制的社会保障。进入 21 世纪以来，我国城镇养老资金面临着扩大覆盖面、个人账户空账和统筹层次低等难题，灵活就业、自谋职业者和农民工等就业群体的基本养老保险覆盖率非常低。由此可见，政府筹集养老金，扩大养老覆盖面，还有很多事情要做。

提供养老服务是政府养老责任的重要方面。在农耕社会中，由于生产力发展的制约，养老服务主要由家庭成员提供。随着信息社会的到来，劳动力流动速度加快，家庭规模趋于小型化，传统家庭养老模式面临挑战，人类对基本生存权利的维护，经济社会的可持续发展，使本来属于个人或家庭层面的养老服务逐渐纳入政府视野。伴随着老龄化社会的到来，政府在养老服务保障中应履行什么职能，如何履行这些职能，这些是解决养老服务需求与供给不平衡矛盾的关键。

养老服务是指为老年人所提供的社会性服务，养老服务从本质上讲，应该是不以营利为目的的专业化社会服务，养老服务属于老年社会福利服务的范畴。养老服务有狭义和广义之分，主要体现在供给主体、服务对象、服务内容三方面。狭义的养老服务强调政府的供给作用，主要是对家庭和单位体系之外的无法定抚养人、无劳动能力、无经济来源的“三无老年人”提供最基本的生活资料，与儿童福利、残疾人福利构成我国特殊福利的主要内容。广义的养老服务针对全体老年人，强调老年人的权利发展，在保证吃、住、穿、行等基本生活保障的基础上，提供保健、康复、文化娱乐、社会交流、继续工作、心理等综合性服务。广义的养老服务把老年人自身、家庭、单位、社会等因素都纳入供给体系中，在加强机构养老的同时，发展家庭养老、居家养老、自助养老等多种方式。可以看出，无论是狭义还是广义的养老服务，政府在其供给中都起到非常重要的作用。政府供给的范围非常广泛，有直接供给和间接供给两种，前者指政府直接兴办养老院、收容所等养老机构，后者指政府利用政策鼓励推进其他部门的生产，或者直接用资金购买服务。目前，广义养老服务为人们所接受，本书所指养老服务均为广义之说。

3.4.2　政府承担养老责任的依据

我国传统养老责任完全是由家庭提供的，随着我国经济社会的发展，生产方式、社会生活方式发生了变化，以及现代文化、城市化进程等因素的影响，老年人的养老责任逐渐从家庭转移到家庭、社会，而且社会在养老服务中发挥越来越重要的作用，特别是在市场经济条件下，传统家庭养老不断弱化和市场保障的失灵，直接导致政府必须介入养老服务保障这一公共服务领域，而且以国外养老保障制度的发展来看，其都是在政府的主导下建立起来的，从责任承担者的角度分析，养老保障是典型的政府行为，政府承担着首要责任。

第一，低生育率政策使家庭规模小型化。在人类社会进入工业化和现代化之前，养老主要由家庭来供给，政府很少参与养老保障，特别是在具有“孝道”文化的我国，社会福利制度就是家庭福利制度，在需要照料服务的老年人中，能够获得帮助最多的是家庭，我国特有的“差序格局”决定了家庭成员是养老保障的主要来源。但自 1973 年我国全面推行计划生育以来，生育率大幅下降。目前，我国大城市和沿海发达地区，独生子女家庭已经成为主流家庭，全国独生子女累计近 1 亿。随着“4-2-1”型家庭和“4-2-2”型家庭大量出现，子女与老年人的互助共济已难以为继，家庭养老风险与日俱增。政府主导了我国的低生育率和家庭结构的小型化，对因计划生育而导致的老年人养老困难给予大力支持符合道义和社会公平原则。由于老年人个体的脆弱性和虚弱性，如果没有外在力量的帮扶，老年人的晚年幸福和尊严将难以保证。人类寿命的延长，老年人的大量出现，晚辈养长辈、配偶养配偶不再安全可靠，在家庭小型化的今天，老年人无法完全依靠血亲力量来解决养老问题，其迫切需要政府的支持。

第二，人口迁移使家庭规模“空巢”化。目前，我国已经开始由农业社会向现代化工业社会转变，特别是社会主义市场经济制度逐步建立和完善，使人口流动常态化。我国城乡之间、地区之间发展不均衡，就业机会、收入、社会福利不均等，对人口流动产生强大的吸引力。在这一过程中，年轻人不甘寂寞成为人口流动的主力，老年人成为家庭的留守者。在农村，尤其是经济欠发达地区的农村，大量年轻人背井离乡，外出打工，使整个村庄“空巢”化，留守老年人发生紧急情况，很难找到人救助。在城市，由于孩子上学、就业、留学，许多老年人提前进入空巢期，传统的家庭养老和养老体系被瓦解。我们正在实行的市场经济只能保障过程公平、程序公平，无法解决起点公平和结果公平。老年人为社会的发展曾做出过巨大贡献，从社会公正和代际公平意义来讲，政府应帮助老年人共享社会发展和经济改革的成果，因为社会经济发展的根本目的是不断满足人民物质文化生活的需要，发展成果必须惠及全体人民，社会分配要体现公平、公正，只有这样才能实现真正的小康社会，没有包括老年人在内的小康，和谐社会是不合格的，发展的根本目的是实现人的全面发展，当市场这只看不见的手在这一目标失灵时，政府这只有形之手必须发挥作用，解决老年人的养老困境。

第三，市场失灵使政府介入成为必需。市场不是万能的，市场也有失灵的领域，其内在的缺陷导致其无法按理想的方式运作。首先，市场存在资源分配的缺陷，在市场经济条件下，价值规律要求等价交换，利润最大化是各微观主体追求的目标，养老服务资源在不同社会成员之间的分配是依据市场生产要素的稀缺程度和要素价格，享受养老服务资源的条件取决于个人拥有的财富。市场无法提供公共物品，这导致公共物品提供市场的失灵。所以，低收入群体的基本养老服务依靠市场必然得不到满足，政府通过社会保障的转移支付进行收入再分配的主要原因在于市场的失灵，即市场不能完全实现有效的资源配置，特别是不能不计任何代价地向年老、体弱、多病的老年人有效倾斜。其次，市场信息是不充分、不对称的，所以市场对经济的调节是事后、自发的，由此造成了市场长期处于不均衡状态，甚至可能造成社会的动荡和经济的波动，因此老年消费者无法获取充足准确的养老服务信息，在养老服务的选择上具有盲目性，难以获得适合的服务供给。由于信息不完全，交易双方信息不对称，欺诈等现象随之产生。再次，个人不能抵御通货膨胀风险。收入保障是服务保障的基础，通货膨胀会时时困扰整个社会，老年人属于弱势群体，他们的个人收入、储蓄抵御不了通货膨胀，在抵御通货膨胀风险上存在无法忽略的市场失灵，只有通过政府的干预，才能实现一定的社会政策目标。养老保障作为准公共物品，同时养老服务要面向全体老年人，政府作为公共利益的代表，在收入再分配、合理配置资源、抵御市场风险方面发挥了重大作用，政府有责任对弱势群体实施保护，维护社会公平，弥补家庭、市场在养老服务方面的不足，满足老年人的基本养老服务需求，整合提高养老服务资源使用效益，缓解社会矛盾，维护社会公平，促进社会和谐发展。所以仅通过市场无法解决养老服务，政府有必要介入来弥补市场机制的缺陷。

第四，法律规定政府有义务承担公民的养老。公民养老是《中华人民共和国老年人权益保障法》和《中华人民共和国宪法》对政府提出的法定责任。《中华人民共和国老年人权益保障法》规定，国家通过基本养老保险制度，保障老年人的基本生活；老年人依法享有的养老金、医疗待遇和其他待遇应当得到保障，有关机构必须按时足额支付，不得克扣、拖欠或者挪用。国家根据经济发展、人民生活水平提高和职工工资增长情况增加养老金；国家和社会应当采取措施，健全对老年人的社会保障制度，逐步改善和保障老年人生活、健康以及参与社会发展的权利，实现老有所养、老有所医、老有所为、老有所学、老有所乐。我国历次宪法都对国家建立社会保障制度做了相关规定：1954 年宪法规定，中华人民共和国劳动者在年老、疾病或者丧失劳动能力的时候，有获得物质帮助的权利。国家兴办社会保险、社会救济和群众卫生事业，并且逐步扩大这些设施，以保证劳动者享受这些权利；1978 年宪法规定，劳动者在年老生病或者丧失劳动能力的时候，有获得物质帮助的权利。伴随国家逐步发展社会保险，社会救济、公费医疗和合作医疗等事业，以保证劳动者有这种权利。现行宪法规定，国家尊重和保障人权。中华人民共和国公民在年老、疾病或者丧失劳动能力的情况下，有从国家和社会获得物质帮助的权利。国家发展为公民享受这些权利所需要的社会保险、社会救济和医疗卫生事业。现行宪法还规定，矿藏、水流、森林、山岭、草原、荒地、滩涂等自然资源，都属于国家所有，即全民所有。在现代社会，不论其性别、年龄、宗教、教育等，每个人都享有基本的养老权，同时每个公民还应享有分享自然资源收益的权利，政府代表全体国民对土地、矿山、森林等国有资源进行管理分配，应该让全体国民分享资源性收益，当然也包括处于社会弱势群体的老年人。

第五，养老具有准公共物品的属性，是政府应负的责任。公共物品属性表明，准公共物品很多不能通过市场交换进行供给，一般由政府提供。亚当・斯密认为，国家具有“守夜人”的角色，保护公民的公共安全，不能干涉个人的自由权，政府仅在几个有限的领域内（如税收、国防等）发挥作用。进入 20 世纪，随着社会分化加剧，失业人口增多，财富集中于少数人手中，国家必须改变角色，扭转市场失灵，为人们提供养老、医疗、就业等。在这种背景下，产生了制度化的社会保障制度。高福利国家瑞典早在 20 世纪 50 年代就建立了完善的社会养老保障制度，通过向公民发放养老金、提供住房补贴、实施医疗保障等措施，使老年人幸福享受晚年；印度的经济社会发展落后于我国，但是他们也正在建立覆盖全民的养老医疗保险制度。社会保障制度是维持社会稳定的一种制度，而维护社会稳定是国家繁荣的基础，它是政府的基本责任，需要政府依法予以推动，强制性特征决定了只有政府才能推行这项制度。从世界范围来看，率先建立起养老保险制度的国家，社会经济发展都步入比较高的水平，人们不再担忧老年生活，集中精力工作，预算可支配收入，促进消费，推动经济增长，使国家进入良性发展轨道。我国正迎来人口老龄化，无论从家庭层面还是社会层面，养老都成为社会问题。所以，政府的养老支出与老年人口比重应同步增长，无论是管理上还是整体投入上政府都需要承担更多的养老责任。政府承担养老责任是政府适应社会环境变化的需要，是满足老年公共管理与服务不断增长的需要。

3.4.3 政府承担养老责任的具体内容

《中共中央关于构建社会主义和谐社会若干重大问题的决定》提出到2020年建成社会主义和谐社会的任务之一就是“基本服务体系更加完备，政府管理和服务水平有较大提高”。养老保障作为基本公共服务体系的重要组成部分，政府承担资源提供、政策制定、服务监管的重要职能，其构成政府承担养老责任的重要内容。

第一，颁布法律和制度设计。纵观世界各国养老保障制度的产生和发展，都是以颁布养老保障方面的法律拉开养老保障发展或改革序幕的。我国也是如此，通过制定和完善养老保障方面的法律、法规、条例，制定和扶持社会力量参与养老保障方面的优惠政策，充分发挥引导作用，为养老保障的发展提供制度保障。自1986年社会保障制度改革启动以来，政府出台了几十部社会保障方面的政策文件，其已构成社会保障的现行制度的大体框架，其中既有临时性政策，也有在部门制定规章的基础上国务院颁布的法规。就数量上看，我国政府在规范制度方面承担的重要责任和扮演的重要作用是其他任何国家都无法比拟的。1994年颁布的《中华人民共和国劳动法》第70条规定：国家发展社会保险事业，建立社会保险制度，设立社会保险基金，使劳动者在年老、患病、工伤、失业、生育等情况下获得帮助和补偿。1996年颁布的《中华人民共和国老年人权益保障法》第21条规定：国家根据经济发展、人民生活水平提高和职工工资增长的情况增加养老金。2006年3月14日全国人大通过《中华人民共和国国民经济和社会发展第十一个五年规划纲要》(以下简称《“十一五”规划纲要》)，提出增加财政社会保障投入，多渠道筹措社会保障基金，合理确定保障标准和方式，建立健全与经济发展水平相适应的分层次、广覆盖的社会保障体系。根据《“十一五”规划纲要》，劳动和社会保障部、国家发改委制定《劳动和社会保障事业发展“十一五”规划纲要》，指出要按照城乡统筹发展要求，探索建立与农村经济发展水平相适应，与其他社会保障措施相配套的农村社会养老保险制度。“十一五”期间逐步提高社会保障支出与财政支出的比重，同时在促进就业和完善社会保障制度等方面实行财税、信贷等优惠政策。

第二，提供资金。养老保障是用经济手段解决社会问题从而达到政治目的的制度安排，是促进公平的收入调节机制，它离不开政府财政的大力支持。古今中外政府介入养老保障的普遍规律说明政府在其中担负着不可推卸的财政责任，财政支持是政府养老保障的核心，是第一责任，合理确定政府的财政责任对养老保障制度的发展至关重要。虽然在政府引导下，市场机制、非营利组织可以介入社会福利领域，减少政府的财政支出，满足人民日益增长的养老需求，实现资金筹集的多元化，但政府仍是主体。新加坡政府对养老服务的财政投入始终占主导地位，在养老设施的建设上，90% 的资金由政府提供，同时对养老机构各项服务的运作成本发放不同的津贴。日本老年人福利制度改革过程中，始终坚持由国家担负社会福利主要责任的原则，虽然逐步调整和降低了国家对社会福利设施的财政负担，改由国家、地方政府、民间福利团体、公民共同负担，但老年人社会福利的财政支出主要由国家承担的原则并没有改变。我国政府也是如此，根据国务院的有关规定，社会福利支出应不低于财政支出的 10%~20%，资金支持还包括政府提供的间接支持，如税收优惠，根据《中华人民共和国企业所得税法》规定，企业发生的公益性捐赠支出，在年度利润总额 12% 以内的部分，准予在计算应纳税所得额时扣除。根据财政部、国家税务总局关于对老年服务机构进行税收优惠，对相关进入该领域的企业暂免征企业所得税、房产税、城镇土地使用税、车船使用税。上海根据自身发展的水平和老龄化程度，除上述优惠外，还免征营业税、城市建设税、教育附加税、耕地占用税。还有，发行福利彩票，我国福利彩票资金中的 35% 上交国家作为公益金，其中一部分上交国库，纳入财政专户管理，财政部门用于社保基金和专项资金，另一部分由民政部和体育部门使用。

第三，加强监管。养老保障是政府提供给公民的一种“准公共物品”，是一种保障制度，政府从公民基本权利出发，以人为本，制定相对较完善的养老保障制度，其目的是人年老后更好地享受生活。在施行过程中，如果不进行有效监督，效果可能就会大打折扣，监督不力容易导致腐败，必将侵蚀养老保障的基石，影响社会成员的基本生存权益。承担监管责任的政府部门应具有权威性、独立性，以保证监管的公正，应具有效率性和规范性，以保证监管的效力。政府在社会保障监督机制中的作用主要体现在行政监督上，行政监督主要是指行政主体依法对相对方遵守法律、规章、政策以及行政命令执行情况的检查、了解和监督。如财政监督的主体是各级财政机关，监管的内容包括：社会保障水平与国家财力的适应性，社会保障管理机构的经费预算是否合理，社会保障基金的财务管理和会计核算是否科学，即社保基金内部管理制度是否健全，会计核算是否符合国家有关会计制度，是否及时准确填制会计报表，基金投资是否合乎要求，等等。审计监督是由审计机关对社保资金的收支、使用、投资等行为所进行的经济监督。在养老服务方面，目前，我国养老服务机构水平参差不齐，营利、非营利并存，老年人是社会的弱势群体，他们的权益维护需要政府的支持，各级政府应大力加强对社会力量参与养老服务的指导和规范，预防养老服务机构侵害服务对象权益现象的发生，尤其是政府提供或购买的养老服务，更需要保证质量，以确保老年人的生活质量，进而维护广大老年人的合法权益，保障养老服务业的健康发展。这方面，上海市走在了全国的前列，上海专门颁布《上海市养老机构管理办法》，对机构设置、服务管理、监督评估、法律责任等方面都做了制度性规范。上海民政局于出台《上海市养老机构年度验审办法》，进行了更为详细的规范，该办法明确了年审的内容及方式。

第四，优化养老资源配置。资源配置即资源的合理使用结构和使用方式。优化养老资源配置是指政府为整个社会提供养老公共产品，运用经济、法律、行政等手段矫正外部效应和维护市场的有效竞争。政府通过养老服务资源的优化配置，提高资源利用效率，增加养老资源供给，实现政府养老保障的设计目标。政府优化养老资源配置主要表现在两个方面：①科学制定规划。政府要制定老年养老保障发展规划，时至今日，养老保障体制改革和建立全民共享基本养老保障的要求还有相当的不足，城镇养老保障体制改革仅是针对企业职工的改革，而事业单位、政府部门等公职人员仍沿用传统的现收现付制度，统筹层次低，并把农民工排除在城镇社会保障体制之外。所以，下一步改革应该采取整体设计推进，建立一个普惠型的基本养老金制度。②有效整合配置资源。由于政府的养老资源具有有限性，所以政府应将养老保障各种资源有效整合，统一配置使用，实现资源利用效益最大化。具体来说，整合各种公办、私办养老资源，继续发挥家庭的养老作用，加强培训，整合信息。在服务方式的配置上，对生活不能自理的老年人在养老机构接受专业化全天候照料服务，对能自理的老年人争取居家养老方式服务，合理确定对老年人的养老服务补贴，降低服务成本，推动养老服务的大力发展。

3.4.4 政府承担养老责任的基本原则

有学者认为，政府所承担的养老责任，应着力实现底线公平意义上的养老保障，满足基本的养老金需求，动员社会力量参与对养老服务的支持，政府通过自身的组织优势在养老制度建设方面发挥主导作用，弥补政府职能的缺失，而非事无巨细，亲力所为。具体来说，政府在构建养老保障过程中，应主要坚持以下几个原则。

第一，公平和效率相结合的原则。实践中，政府基于责任和义务，通过社会再分配，追求社会公平，以维护社会可以接受的收入分配差距，这是非常正确的，也是政府强势介入和主导养老保障的主要原因。政府希望通过相关措施，使社会的弱势群体能够维持基本生活，而不至于生活不下去，从而阻止两极分化和社会矛盾激化，保持和谐稳定的社会局面。但是，必须坚持公平不能牺牲效率的原则。总体而言，法定的养老保障项目主要以公平为主，非法定的保障项目则更多考虑效率。如在养老服务保障体系中，政府首先要保证机会公平，政府为每位老年人创造获取服务保障的公平机会，及时将保障制度、服务组织等信息传达给老年人；其次程序公平，政府在设计养老服务保障制度时要体现公平，考虑到经济收入状况不同老年人的需求，坚持制度面前人人平等，任何人不能有超越法律和规则的特权。

第二，政府和市场相结合原则。在市场经济中，政府和市场在各自领域发挥不同作用。就政府来说，养老保障属于公共物品，行政权力的公共性决定了政府职责的核心是公共责任，为公民提供最基本的社会养老金和基本的养老服务是政府义不容辞的责任。但完全依赖政府是行不通的，政府也有失灵的地方，必须发挥市场的作用，市场可以为公民筹集更多养老资金和提供形式多样化的养老服务。现实生活中，市场经济中政府的主导作用与市场的调节作用是对立又统一的，处理得当，二者功能互补，处理失误，特别是表现在政府行为上的失误，会造成政府缺位或越位。

第三，国力和养老保障水平相结合的原则。经济社会发展水平是养老保障的基础，在制定养老保障标准时，不能超越国力，任何超越国力的制度设计都会引发一系列问题，从而使养老保障空心化。政府对保障水平应定位于公民需求状况及养老资源的供给。我国目前处于社会主义初级阶段，未富先老，老龄化严重，同时由于人民生活水平不断提高，养老需求不断升级，养老资源分配不均衡，而且总量上不可能大幅增加。所以，政府必须依据国力，把握好经济发展与养老保障之间的关系，随着国力的提高而逐步提高养老保障水平，以避免因政府政策失误而带来制度的不可持续性。

第 4 章　政府和非营利组织合作参与居家养老

随着社会的不断发展，人口老龄化问题日益严重，单一的家庭养老、机构养老和自我养老已经无法满足现代化社会对养老的需求。因此，需要创新与完善养老保障体系，充分发挥非营利组织在养老中的作用，探索多元养老主体合作参与的居家养老模式。

4.1　政府和非营利组织合作参与居家养老的理论依据

4.1.1　政府/市场失灵理论

市场 / 政府失灵理论是美国经济学家伯顿 · 韦斯布罗德于 1974 年最早提出的。市场失灵理论和政府失灵理论是公共经济学中最重要的两个理论。韦斯布罗德认为，非营利组织处于非公共物品提供者体系，能够避免公共物品提供者的独有性。市场失灵理论认为，在经济体制下，市场具有很强的资源配置优势，但对于养老保障这种公共物品来说，却存在着不足。市场失灵的具体表现有两方面：一是个人主体与社会主体两者存在一定的差异性；二是公共物品的提供往往会失衡。公共物品凭借着其自身的独有特性，提高了供给成本，市场机制中的企业不愿参与，导致了公共物品供给失衡。在市场无法提供公共物品的情况下，这为政府介入提供了重要依据，政府的主要职能是提供市场价格机制无法有效供给的公共产品。对于养老来说，仅依靠市场是无法实现的，需要市场以外的机制，即政府和非营利性组织。但是，政府同样存在自身的弊端，不能进行全面的干预，同样会存在“政府失灵”的可能性。

所谓政府失灵，是指在公共物品与服务的供给方面，政府依然有解决不了的问题。在提供公共服务的过程中，人们对于公共物品的需求层次不同，政府不能满足所有人的需求。政府失灵主要表现在：一是政府能够掌控大方向，但细节管理较为欠缺；二是政府在提供公共物品时体现着“中位选民”偏好，不能满足所有人；三是政府内部容易滋生腐败，需要被监督；四是政府自身存在着形式主义、官僚主义、科层制、创新不足等负面影响。因此，政府在提供公共服务过程中容易出现成本高、效率低、寻租等问题，形成政府失灵。政府和市场在提供公共物品与服务时均有一定的问题和局限性，而非营利组织恰恰弥补了二者的不足，成为提供公共服务的潜在性主体。结合非营利组织参与养老服务来说，政府不仅承担着管理、监督等作用，又促使非营利组织的良性发展，进而为老年人提供更优质的服务。

4.1.2　公共治理理论

公共管理理论认为，政府可以将部分权力下放社会，让社会帮助承担，转变其原有的政府治理，同时主张多元化治理，避免出现公共物品被政府垄断的现象。权威格里斯托克在研究治理理论的过程中，提出了对治理的几点理解：第一，治理的来源主要是政府但又不限于政府的社会公共机构和行为者，这对于政府来说是一种挑战，认为政府并不是唯一权力中心，只要能够得到大家的信任，无论是公共还是私人机构，都能成为社会各方层面的权力把握中心。第二，公共治理是界定解决社会经济问题的责任界线。政府将原有全部责任转嫁给社会，同时非营利组织也在逐渐承担着原先由国家承担的责任。第三，公共治理是参与者形成网络的一种过程。参与养老的主体发挥其自身优势，强化社会对其的信任感，并共同承担着养老风险，最终形成一个自主参与的氛围。第四，治理的过程可以适当借助除了政府以外的力量。政府在处理公共事务时，在管理办法上可以借助外力，政府主要承担其引导工作。这个理论的中心思想是：随着社会的发展，政府作为国家的权力中心，应该适当地下放权力于社会，从而寻求社会多元主体的发展，让非营利组织帮助政府承担一部分责任，并相互形成良好的合作关系，不仅可以减轻政府的工作压力，同时通过政府与非营利组织的合作实现养老保障的良好发展。

4.1.3　合作主义理论

合作主义理论是与西方社会新保守主义或新自由主义相对应的社会经济政策模式。该理论的提出者是埃斯平・安德森，这个理论的中心思想是：国家在社会发展的过程中承担着很多关于公民社会福利的具体内容和责任，而且决定着一些相关政策，但是作为一部分社会保障，涉及公民主体的社会保障，完全可以让非营利组织或社会组织来帮助政府承担部分责任，提倡政府与非营利组织合作主义精神。在合作主义理论中，国家依然占据着权威主导性地位，在两者的合作关系上，不仅代表着部门之间的合作，更代表着对于非营利组织作为第三方参与其中的认可。

4.1.4　第三方管理理论

第三方管理理论最早是在 1994 年由美国学者萨拉蒙提出的。他认为，政府和市场均存在失灵的情况，非营利组织作为第三方，可以代替政府来提供公共物品和服务。因此，针对当时问题重新提出新的理论。同时，该理论认为，政府应该通过自身的优势在资金和指导方面发挥作用，在提供社会保障服务方面由政府以外的第三方机构——非营利组织来进行，这就被称为“第三方管理模式”。第三方管理模式可以促进政府与非营利组织之间建立良好的合作关系，不仅能够防止政府的再扩张，而且能充分利用公共资源，更好地承担公共服务提供的责任。该理论认为，养老保障这一公共物品，通过政府和非营利组织合作的方式，优先于政府提供公共服务，而且，非营利组织要具有提供公共物品与服务的独立性，政府只可以在非营利组织提供公共物品和服务出现一些问题时发挥其职能。

4.2 政府和非营利组织合作参与居家养老的典型模式

我国政府和非营利组织合作参与居家养老服务在国内发展较为迅速，并且取得了一定成效，涌现了很多典型模式。从政府与非营利组织合作关系的角度，将其分为形式性合作模式、委托式合作模式和契约化合作模式。本书结合案例，分别分析形式性合作模式与委托式合作模式取得的成效与存在的问题，为实现理想化的契约模式总结经验。

4.2.1 形式性合作模式

在我国，形式性合作模式是政府和非营利组织合作参与居家养老服务的初始发展状态下形成的一种模式。这种模式具有自己的特征，在发展过程中取得了很多的成绩，同时存在一些问题，这些成绩和问题促进着形式性合作模式的发展与完善。运用这种模式的城市较多，其中较为典型的是上海普陀区政府。

1. 上海普陀区政府与非营利组织参与居家养老形式性合作模式

普陀区是上海市老龄化程度较高的区域，该区的老龄化问题已经非常严重。为了解决该地区的养老问题，普陀区政府开始努力探索新型的养老模式，于是逐渐形成了普陀区“居家养老服务管理中心”。这个居家养老服务管理中心的建设理念是政府与非营利组织合作，政府花钱购买居家养老服务，以街道居家养老服务社为主要形式。自 2001 年起，普陀区开始建立区助老服务中心和街道助老服务分中心，实行政府购买服务制度。2004 年，该区结合市政府“万人就业项目”，建立区居家养老服务管理中心。由社区居家养老服务社选派符合条件的服务人员，形成养老服务送上门。该管理中心主要为老年人提供助餐、助洁、助浴、助医、助行、助急 6 项服务。

2. 形式性合作模式的概念

（1）形式性合作模式的内涵

形式性合作模式涉及的主要主体有政府、非营利组织。其中，非营利组织是依附于政府的。在合作过程中提供养老服务程序是定向的、非竞争性的。形式性合作模式双方签订的服务从主体层面来说，是具有法律效力的合作关系，但也能体现出两者的雇用关系，这就形成了形式性合作模式。形式性合作模式有其自身的特征：第一，合作双方并非都是独立的主体，非营利组织是依附于政府的需要而设立的，承担着政府的一些职能，缺乏自身独立性，政府主要提供其项目的资金扶持。第二，政府承担双方合作提供养老服务的全部责任，非营利组织仅是其服务项目的执行者，缺乏主动性。

目前，形式性合作模式是我国政府和非营利组织合作参与居家养老服务较为普遍的形式，也是政府进行职能转移过程中形成的一种特殊机制。从本质上来说，政府与非营利组织合作提供居家养老服务是一种契约式的服务关系，契约化合作模式需要具备双方独立、服务具体内容、竞争机制等条件。但是，形式性合作模式缺乏以上条件，而且在运行过程中存在一定的不足之处，难以发挥提供服务的优势。因此，形式性合作模式还需要向契约化发展，从而使政府与非营利组织合作提供居家养老服务更加完善。

（2）形式性合作模式的特点

根据上海普陀区政府关于形式性合作模式的运行情况，我们可以在以下几个方面来总结形式性合作模式的特点。

第一，政府作为居家养老服务的购买者。普陀区政府为了让该区的老年人享受更好的养老服务，创新养老服务理念，建立了居家养老服务管理中心，以帮助老年人改善居家养老服务水平。

第二，非营利组织作为居家养老服务的生产者。由于居家养老服务管理中心是政府所建，是非营利组织，也就是居家养老服务的生产者。在管理中心设有主任、会计、财务等专职人员，主要负责提供政策咨询、养老服务专职人员培训等工作。

第三，部分特殊群体是居家养老服务的消费者。这部分特殊群体主要包括该区年龄达到60岁以上、生活上需要照料、家庭困难的“三无”老年人。

第四，居家养老服务的选择程序。居家养老服务管理中心与政府之间是依附性关系，由此可以看出居家养老服务中的非营利组织缺乏独立性。政府指定管理中心提供居家养老服务并购买其服务，缺乏双向选择性，政府起着主导作用。

第五，合作的具体内容。普陀区政府与居家养老服务管理中心合作，合作的具体内容就是为老年人提供助餐、助洁、助浴、助医、助行、助急6项服务。

第六，合作的资金来源。政府与非营利组织合作提供居家养老服务，其主要的资金来源就是国家与政府的财政拨款与补贴。

第七，合作的评估机制。在居家养老服务管理中心，没有单独的部门主动对于居家养老服务实施审核和评价反馈。居家养老服务管理中心是在政府的支持下建立的，很大程度上可以理解为针对居家养老服务管理的部门。

3. 形式性合作模式取得的成效

形式性合作模式取得的成效主要包括以下几个方面。

第一，提高了老年人的生活质量，缓解了老龄化问题。通过政府与非营利组织合作，让一部分老年人先享受到了居家养老服务，同时非营利组织还为老年人提供多样化的服务，从多方面来提高老年人的生活质量。政府与非营利组织合作参与居家养老服务，也是帮助老年人的子女减轻养老压力。同时，这种形式性合作模式减少了老年人养老的成本，老年人用较少的钱享受更好的养老服务，政府也掌握了老年人的生活状况。

第二，提供了就业岗位，缓解了就业压力。政府和非营利组织合作参与居家养老服务中，政府授权于非营利组织为老年人提供居家养老服务，并需要相应岗位的专职人员来实现具体性服务。居家养老服务的提供离不开这些专职人员，他们绝大多数都是下岗、失业、有困难的群体。面对社会就业形势难的局面，这部分群体的就业也是社会重视又无力解决的问题。通过这个管理中心，也能部分解决他们的就业与生活问题，这也是政府与非营利组织共同发挥合力作用的结果。一个弱势群体在为另一个弱势群体提供服务的过程中，在增进服务对象的福利的同时，也增加了自身的福利。

第三，加强了政府对相关领域的管理。形式性合作模式中，虽然非营利组织缺乏自身的独立性，是依附于政府的需求而合作成立的居家养老服务管理中心，但是它也发挥着自身的优势，在很多方面弥补政府供给不到位的情况。在社会的不断发展过程中，老年人的数量在逐渐增加，养老给家庭和社会带来了一定的压力，同时政府在很多方面无力解决，这时非营利组织恰恰能协助政府提供居家养老服务，解决养老的困境。因此，非营利组织在合作过程中发挥着自身的优势，也增强了政府对相关领域的管理与执行力。

4. 形式性合作模式存在的问题

形式性合作模式凭借着自身的优势，在多方面取得了一定的成效，但也在一些方面存在问题。

第一，非营利组织缺乏独立性。政府和非营利组织的合作关系存在一定程度上的雇用关系，非营利组织依附于政府而存在。提供居家养老服务的专职人员以及在相应机构工作的行政人员，都是因为政府的行为而产生的，由此可以看出管理中心并非真正的非营利组织，在很大程度上也可以称为隶属于政府之下的一个部门。这很容易造成政府权力变相夸张的情况，也可能造成给政府带来不当利益。政府当初建立管理中心的本质是满足老年人的养老需求，多元主体承担养老责任，但由于非营利组织的非独立性破坏了完善公共服务供给体系的初衷。

第二，合作程序不规范。政府在进行非营利组织的选择，即实施居家养老服务的机构的选择时，没有采用竞争性方式进行竞标，而是特定设立并且指定唯一的一个非营利组织来提供居家养老服务，采取财政拨款的方式，扶持与培养该组织，在运行过程中破坏了契约化合作模式中主体独立性与程序公平性的两大原则。同时，政府与非营利组织合作提供的养老服务的具体内容是政府主导的，非营利组织缺乏决策权利，使非营利组织处于一种被动状态。

第三，政府承担所有责任，难以转变职能。在形式性合作模式中，政府占有主导地位，承担了养老的所有责任，从而影响了政府的职能转变。非营利组织依附于政府而成立，在很大程度上被视为政府的一个下级组织。政府决定着服务的具体内容，决定着提供服务的形式，而非营利组织是在政府决定层面的基础上执行，仅是政府部门单方面的意志体现，非营利组织没有依据自愿、平等原则参与其中。非营利组织没有作为契约化合作模式中独立的一方主体而存在，政府在承担全部责任的同时也承担着强大的风险，这就影响了政府实现转变职能的目标。

第四，缺乏对形式性合作模式的专业性评估。在形式性合作模式运行过程中，非营利组织依附于政府的需要而存在，政府不可能否定自己的成果。同时，由于非营利组织缺乏竞争性，在非营利组织提供居家养老服务上的绩效评估没有与责任联系起来，政府对其评估也较为形式化，没有多大的意义。从一定程度上来说，这种评估方式可以理解为政府和非营利组织的形式性合作，而没有达到理想的契约化的管理合作效果。缺乏对形式性合作模式的专业性评估不仅会影响居家养老服务的整体供给性，也会影响政府职能目标的转移。

4.2.2 委托式合作模式

在我国，委托式合作模式是政府和非营利组织合作参与居家养老服务由形式性合作模式在逐步完善过程中出现的一种模式。目前，委托式合作模式是较为完善的一种模式，具有自身的一些特点，在发展过程中取得了很多的成绩，也存在一些问题，这些成绩和问题为形成契约化合作模式提供了发展基础和保障，促进契约化合作模式更好、更快地实现。运用这种模式的城市较少，其中较为典型的是宁波海曙区政府。

1. 宁波海曙区政府与非营利组织参与居家养老委托式合作模式

宁波海曙区的居家养老模式中最重要的就是政府购买居家养老服务，也就是由政府出资，为区内 60 岁以上独居并且无收入的老年人向非营利组织购买养老服务。非营利组织与政府签订契约，这直接体现了两者的合作关系是一种独立性非竞争关系。随着老龄化问题越来越严重，海曙区政府开展了“星光敬老协会”的合作。海曙区从 2005 年 3 月起开始全面宣传“政府购买公共服务”的养老服务模式。这种模式主要是指政府作为养老服务的购买者，将其委托给星光敬老协会管理。该服务内容主要是针对一些高龄、独居的困难老年人，提供上门服务，或者让老年人集中在社区居家养老服务中心和各种社区老年日托中心。

2. 委托式合作模式的概念

（1）委托式合作模式的内涵

委托式合作模式主要是指政府和非营利组织两者充分利用各自的优势，两者的关系属于独立性非竞争性关系，合作提供居家养老服务。一般情况下，政府在选择合作的非营利组织时，会选择社会声誉较好的，从而降低合作存在的风险。

委托式合作模式具有一些自身的特征：一是合作模式中的非营利组织具有较强的规模性与独立性，能够做到不依靠政府的资金而存在。二是居家养老服务项目是政府将其委托给非营利组织，代其办理相关事宜，由此可以看出，该种模式占有主动权的依然是政府，而非像在契约关系中双方拥有平等的地位。三是在选择非营利组织的过程中缺乏公开、竞争的程序，缺乏可持续性和发展的积极性。

（2）委托式合作模式的特点

结合宁波海曙区政府的实际情况，进而从居家养老服务购买者、生产者、消费者、购买的选择程序等多方面来阐述其特点。

第一，居家养老服务购买者。政府作为居家养老服务的购买者，为了让该区的老年人享受更好的养老服务，采用与非营利组织合作的方式，将居家养老服务委托给非营利组织，代其管理，从而提高政府的执政能力与行政效率。

第二，居家养老服务生产者。居家养老服务的生产者是非营利组织，也就是海曙区星光敬老协会。这种开展居家养老服务的非营利组织在国内非常少见，它主要是社会化居家养老服务中心交于区敬老协会（总会）运作，服务中心分部交于街道的敬老协会分会运作，社区则以敬老协会名义在服务站开展具体服务。星光敬老协会负责项目运作等一系列活动。

第三，居家养老服务消费者。居家养老服务的消费者主要是针对该区 60 岁以上，对养老生活有需求、高龄、独居者。

第四，居家养老服务的选择程序。由于海曙区星光敬老协会是国内少有的开展养老服务工作的非营利组织，与一般的老年协会有区别，是在养老方面做得较好的组织。海曙区政府恰恰是因为这个原因，在选定居家养老服务提供者时，没有通过公开招标的竞争性方式来进行，而是直接认定星光敬老协会来提供服务。

第五，合作的具体内容。海曙区政府与星光敬老协会合作提供居家养老服务，主要是为老年人提供做饭、洗碗等生活照料、医疗康复、精神慰藉等主要服务内容。

第六，合作的资金来源。合作的资金来源主要是政府的预算资金。政府将预算资金拨给敬老协会之后，敬老协会依托社区来组织运作，敬老协会每两个月提前把居家养老服务专职人员的工资划拨到社区，每次在给老年人服务后，每月到社区领取工资。

第七，合作的评估机制。政府和星光敬老协会双方签订协议，为老年人提供居家养老服务，但是对于服务质量缺乏统一的评估机制。对于居家养老服务的专职人员的服务质量评估主要是依靠星光敬老协会指定负责人。由此可以看出，主要是依靠政府对居家养老服务评估，缺乏系统性。

3. 委托性购买模式取得的成效

第一，提高了老年人生活水平与质量。在政府与非营利组织合作过程中，政府起到主导作用。同时，在具体提供服务的过程中，非营利组织选派专职服务人员上门提供居家养老服务，或者聚集老年人一起娱乐。同时，政府通过与非营利组织合作，降低了居家养老服务的成本，老年人用较少的钱享受更好的养老服务，减轻了政府的财政压力，提高了养老服务效率。

第二，提高了政府的服务效率。政府通过购买居家养老服务，为一些高龄、独居的困难老年人提供养老福利，但是政府与非营利组织合作，委托非营利组织提供居家养老服务，一方面减少了老年人养老的压力，而且老年人用较少的钱享受更好的养老服务，改善了老年人的生活状况。

第三，转变了政府与社会的关系。在政府与非营利组织合作提供居家养老服务过程中，政府也是在培养非营利组织，给予非营利组织更大的发展空间。政府转变方式，为非营利组织的自身发展提供服务机会与资金来源，促进非营利组织的发展。同时，非营利组织在提供居家养老服务的同时，其自身的文化理念和服务原则在于政府合作中保持的独立性。非营利组织的发展，壮大了社会力量，为其参与养老服务事业的合作提供了必要条件。

4. 委托性购买存在的问题

委托式合作模式凭借着自身的优势，在多方面取得了一定的成效，但是也存在着一些问题。

第一，政府支持力度缺乏。委托式合作模式中，政府虽然为部分老年人提供了一定的补贴，但是支持力度不够，享受到这样待遇的老年人还是少数，需要扩大这部分群体的覆盖范围。目前，政府与非营利组织合作趋势增强，但在具体提供居家养老服务领域中依然存在一些问题，例如，在养老服务需求量大时，政府习惯性大包大揽，加上政府活动成本与绩效量化的不明确，使政府提供居家养老服务的力度与规模存在不足现象。

第二，公共资源被垄断。政府在管理社会事务上具有强大的公共资源支配权。如果政府扩大自身的权力，不采用公平竞争方式，采用指定的方式来让非营利组织提供居家养老服务，将阻碍更多的非营利组织的未来发展。长此以往，该种模式会影响政府在公共服务面前的公平性分配形象，也会在财政资金上出现垄断性行为，同时让公共资源很难融入更多的非营利组织服务中，间接阻碍了其他非营利组织参与养老服务的供给与公共事务的管理。

第三，缺乏系统的评估机制。在委托式合作模式中，居家养老服务的质量主要是通过评估来衡量，但是对于服务的系统性评估没有全面的衡量。该种模式主要是对于非营利组织提供居家养老服务的专职人员的考核，考核方式采用日常检查和监督来实现，并根据表现给予发放工资。对于非营利组织提供居家养老服务的评估主要是来自政府，但是政府相关性问题没有专业部门进行监督。

4.2.3　契约化合作模式

目前，契约化合作模式在我国并未实质性地存在，是政府和非营利组织合作参与居家养老服务发展较为理想的模式。契约化合作模式的实现不仅有利于增强居家养老服务中政府和非营利组织功能的发挥，更有助于切实提高老年人的养老质量。

1. 契约化合作模式的概念

在研究契约化合作模式之前，了解契约的内涵是关键。契约可以视为一种交往规范，是双方合意而形成的，能够保证社会的良好发展方向，遵循行事的本有原则，是降低社会交易成本的重要方式。因此，在生活中，契约作为标杆指引我们从事社会事务，并且形成了一种模式与价值取向。契约思想包括以下几个方面。一是自由合意。契约达成的前提是双方达成协议，但相互具有独立性，可以各自表达自己的意见。二是程序公平。在契约产生的同时也意味着交易的形成，双方在合作过程中，本着信息对称的公平原则，确立双方或多方的契约合作关系。三是权责一致。双方达成契约时双方均具有相应权利，双方均能实现双方利益，一方损失影响着另一方以及共同利益。

从上文对于契约的理解，可以理解契约化合作模式。该模式在我国公共服务中仅存在个别案例，极为少见。契约化合作模式是指政府和非营利组织双方均是独立的主体，在合作过程中本着公开、透明的原则，并具有竞争性。在合作提供居家养老服务的过程中，各类非营利组织通过竞标，获得提供居家养老服务的机会，并与政府合作，发展自身。同时，政府进行长期性评估，选择最优非营利组织来提供服务，以实现效益最大化，提高居家养老服务的供给效率。

契约化合作模式通过双方签订协议，确定合作中提供服务的具体内容，采用竞争方式使更多的非营利组织参与竞标，择优选择，实现理想的契约化合作模式。契约化合作模式具有自身的特征：一是合作双方均具有独立性，相互之间不存在依赖性。二是程序具有透明性。在选择非营利组织过程中让更多的非营利组织参与竞争，择优选择来提供服务。三是政府和非营利组织之间遵守签订的协议要求，共同承担提供居家养老服务的责任。

2. 政府与非营利组织参与居家养老契约化合作模式作用机理

契约化合作模式，从本质上来说，是政府和非营利组织各自发挥自身的职能优势，互补式为养老服务的发展提供帮助。从政府的角度来说，政府可以转变自身职能，从初始的养老服务提供者转变为掌舵者；从非营利组织的角度来说，非营利组织通过与政府的契约化合作形式，规定各自的责任和所需承担的工作任务，促进双方的合作。契约化合作模式中最为重要的是契约双方，即政府和非营利组织的合作具体方式、主管范围、实施方式和监管等。

在国内外关于政府与非营利组织合作参与居家养老契约化合作模式的实践基础上，在运用契约化合作模式过程中，非营利组织可以作为居家养老服务者的立场保持自身的独立性，做到服务的独立性与政府的合作性。根据合作过程中的程序是否具有竞争性，将政府与非营利组织契约化合作模式分为 4 种情况，即独立关系竞争性合作、独立关系非竞争性合作、依赖关系竞争性合作、依赖关系非竞争性合作。实际上，主要存在前 3 种合作模式。一是独立关系竞争性契约合作模式，就是指政府和非营利组织作为主体是独立的，在资源等多方面不存在相互依靠的关系。二是独立关系非竞争性契约合作模式，主要是指政府和非营利组织都是独立的，但非营利组织已存在。三是依赖关系非竞争性契约合作模式，主要是指政府和非营利组织相互依赖，整体程序都是定向的。

契约化合作模式在合作过程中，具有多方面的内容，较为重要的是“契约”。这个契约主要包括以下几方面内容：一是签订契约的双方是政府和非营利组织；二是在整个过程中要本着公平的相互选择原则；三是签订的合作内容要相互协商来定；四是关于资金方面可以以政府为主，多方融资；五是制定评估与监督机制，监督可以通过各方主体来共同监督，也可以充分利用社会公众。

3. 实现契约化合作模式的意义

契约化合作模式是较为理想的政府和非营利组织合作提供居家养老的模式，具备政府和非营利组织双方的独立性、提供服务目标的明确性、市场的竞争性、程序的公平性 4 个条件。双方可以根据自身的优势，采用竞标的方式提供居家养老服务，政府在合作过程中要为非营利组织提供一个公平的竞争环境，实现老年人居家养老服务效益最大化。

第一，契约化合作居家养老服务模式的实现有利于政府自身职能的转变。形式性合作模式是由于政府需要才形成的，政府与非营利组织没有形成真正的合作关系，政府承担着主要的责任，非营利组织不存在为此而受到惩罚的风险，在这个过程中政府没有实现职能的实质性转变，也没有缩减自身的权力范围，甚至在监督缺乏的情况下会滋生一些腐败问题。委托式合作模式中，政府是直接指定唯一的非营利组织来提供服务，缺乏竞争机制，政府占主导地位，掌握着主动权，缺乏在合作过程中的公平性。在很多情况下，政府依然管理得过多，并没有从根本上改善职能转变。但契约化合作居家养老服务模式能够把双方都考虑在内，形成较为理想化的合作关系，采用公平竞争的方式进行。在合作过程中，政府可以准确定位、明确自身角色，给非营利组织足够的空间来发展自己。这样有助于使政府从直接养老服务提供者转为间接的管理者、监督者，进而提高居家养老服务的供给能力与行政效率，促使自身职能的转变。

第二，契约化合作居家养老服务模式的实现可以促进非营利组织的发展，发挥自身优势来完善居家养老服务。形式性合作模式在合作的过程中，非营利组织缺乏独立性，存在的意义性较弱，政府决定着非营利组织的命运，一旦收回权力，非营利组织发展之路将停止。委托式合作模式主要依靠政府来指定合作单位，这种非竞争环境势必会降低居家养老服务事业的发展水平。在契约化合作居家养老服务模式中，政府通过公平竞争的方式，择优选择居家养老服务的合作非营利组织。由此可以看出，契约化合作模式更具有可实施性，双方均相互独立又不缺乏合作意识，在人事、资金等方面可以充分利用非营利组织的优势，融资的同时发挥政府的主导作用。

第三，契约化合作居家养老服务模式的实现有利于更好地满足老年人的基本公共服务需求。在契约化合作模式发展前，形式性合作模式和委托式合作模式在很多方面已经为居家养老提供了一定的经验，帮助老年人改善自己的晚年生活，帮助儿女减轻养老的负担，也帮助政府承担了部分养老的责任。但是，这两种模式在很多方面还不够完善，缺乏有效的评估监督，使受惠的老年人的数量以及服务的质量都难以保障。但契约化合作居家养老服务模式中，政府建立了合理的评估监督机制，而且政府与非营利组织的合作是在各自的职权范围内进行的。因此，契约化合作居家养老服务模式是一种能为老年人提供更全面、更有效的服务模式。同时，政府将提供服务的资金纳入了财政体系，建立了专项基金，所以能够扩大享受居家养老的服务范围，让更多的老年人享受其服务，同时也造福社会。

4.3 实现政府和非营利组织契约化参与居家养老模式的战略选择

在居家养老保障中，政府和非营利组织形成良好的合作关系是实现政府和非营利组织契约化合作模式的关键。实现政府和非营利组织契约化合作模式既能帮助政府与非营利组织建立良好的合作关系，更能切实提高老年人的居家养老质量。在构建政府和非营利组织契约化合作模式的过程中，要在形成基本的构建思路的基础上，本着构建契约化合作模式的原则，构思契约化合作模式的具体运行方式与具体运行流程，以促进政府和非营利组织契约化合作模式的更好实现。

4.3.1 政府和非营利组织契约化合作模式的构建思路

政府和非营利组织契约化合作模式的构建需要本着“多方参与、资格准入、充分竞争、公开与公平、公益至上”等原则进行合作，按照构思的契约化合作模式的运行方式，对于契约化合作模式的具体流程进行规定，以更好地实现政府和非营利组织契约化合作模式的构建与发展。

1. 构建契约化合作模式的指导思想和原则

基于前文对现行的政府和非营利组织参与居家养老契约化合作模式运行中存在问题的分析，我们可以提出以下有利于构建契约化合作模式的指导思想和基本原则。

（1）构建契约化合作模式的指导思想

在契约化合作模式过程中，要改善社会现有的契约化合作居家养老服务的质量，必须站在新的视角高度，结合我国的实际情况，将“以满足老年人为本、多元化主体参与、发挥社区优势、因地制宜”作为构建契约化合作模式的指导思想。以满足老年人为本，意味着契约化合作模式构建的初衷是满足老年人的实际服务需求，从最需要的、通过努力能够解决的问题入手，为老年人提供及时、便捷、高质量、人性化的服务；多元化主体参与，在契约化合作模式的发展道路上要以政府为主导，非营利组织充分发挥其养老服务的提供作用，积极鼓励多方参与其中，切实发挥好政府、社区居委会、民间组织、驻社区单位、企业和居民个人的作用，以全面提高居家养老服务质量；发挥社区优势，以社区为基本单元，运用信息化平台，重视工作、资源和政策的整合性，增强工作联动性和协同性，在社区普遍建立养老服务机构、场所和队伍；因地制宜，针对各地经济发展水平与养老的实际情况，进行分类指导，从老年人关心和亟待解决的问题入手确定合适的养老服务项目，不断拓宽服务领域，提升服务水平。

（2）构建契约化合作模式的原则

在构建契约化合作模式过程中，双方要本着“多方参与、资格准入、充分竞争、公开与公平、公益至上”的原则进行合作性发展。

第一，多方参与原则。多方参与原则是指在政府和非营利组织契约化合作模式构建的过程中，让政府、非营利组织以及各利益相关者都能参与到契约化居家养老服务过程中，并且对其合作过程进行有效的监督。例如，在非营利组织竞标居家养老服务项目时，应该体现社会公民的监督权和知情权，各种社会组织也应参与政府提供居家养老服务中的价格形成、服务反馈等关键环节。只有多方参与到居家养老服务过程中，才能体现并保障居家养老服务各方的利益需求，也更有助于规范和监督各方的行为，最终体现政府与非营利组织合作为公众利益服务的基本性质和原则。

第二，资格准入原则。资格准入原则是指在政府和非营利组织契约化合作模式构建的过程中，政府采用向社会公开征求意见的方式，对于想要参与居家养老服务项目的非营利组织进行基本的资格准入条件的设置，所有符合基本资质条件的非营利组织均可列入竞标队伍，参与到契约化合作提供居家养老服务的投标过程。资格准入原则不仅有助于保障承担居家养老服务的非营利组织的公平性选择环境，更为政府选择优质的合作伙伴创造了条件，以切实提高居家养老服务的质量与效率。

第三，充分竞争原则。充分竞争原则是指在契约化合作模式构建的过程中，保障非营利组织竞标时给予所有参与者充分竞争的机会和权利。保障竞标过程的充分竞争性不仅有助于使政府做出最优的选择，更能避免政府与非营利组织合作过程中出现舞弊和腐败行为。契约化合作模式的实质就是突出居家养老服务的竞争性，使非营利组织之间充分竞争，进而获得宏观和微观上的经济效益，促使居家养老服务利益的最大化。

第四，公开与公平原则。公开与公平原则是指在契约化合作模式构建的过程中，整个提供居家养老服务的过程置于社会公民的监督之下，通过信息网络平台收集和发布信息，以保障契约化合作模式提供居家养老服务过程的公平公正，并且有效解决政府与非营利组织合作伙伴间的信息不对称问题。例如，在契约化合作模式提供居家养老服务中的法律、政策、程序等信息要对外公开。这不仅可以增强政府与公民之间的密切关系，也能保证所有参加竞争的非营利组织机会均等。

第五，公益至上原则。公益至上原则是指在契约化合作模式构建的过程中，其最终目的是为社会公民提供优质高效的养老服务。因此，政府和非营利组织契约化合作提供居家养老服务的终极利益是公众利益，必须始终贯彻公众利益至上、社会效益第一的原则运行。契约化合作模式中的双方更应坚持公益导向，通过服务理念将组织的逐利行为引导到为公众利益服务行为。

2. 契约化合作模式的运行方式

实现契约化合作模式的良好运行，首先需要具备三个及以上的非营利组织，相互之间存在良性竞争，以便政府做出更全面的选择。其次在具备了多个非营利组织的条件的前提下，政府采取契约外包的方式将居家养老服务项目委托给非营利组织来做。再次政府进行公开、公正的招标，符合居家养老服务项目竞标条件的非营利组织均可参加。经过一系列程序的筛选，最后中标的非营利组织将与政府签署契约，规定居家养老服务的具体内容与合作形式，为老年人提供居家养老服务。在融资渠道方面，通过居民自筹、政府拨款以及非营利组织中的社会捐赠等方式来获得。在合作关系上，非营利组织负责为老年人提供服务与管理工作，政府负责监督工作，同时政府与专业评估机构合作，对非营利组织进行评估。除了专业评估机构的评估，还有接受居家养老服务的老年人的意见反馈，并将反馈意见上报到专业评估机构中，以更好地提高居家养老的服务质量。契约化合作模式的运行过程如图 4.1 所示。

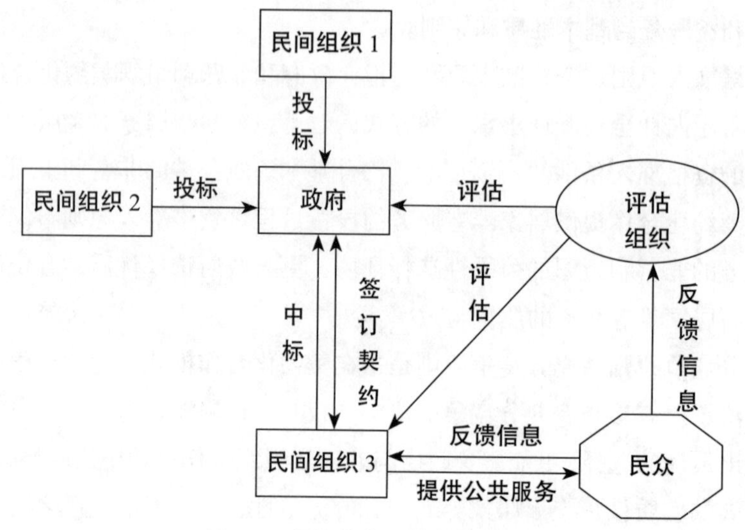

图 4.1　契约化合作模式的运行图

3. 契约化合作模式运行的具体流程

政府与非营利组织参与居家养老契约化合作模式运行的具体流程主要包括居家养老服务项目的提案立项、项目招标、项目签约、筹集资金、项目履行与监督、项目反馈 6 个程序。

（1）居家养老服务项目的提案立项

项目提案立项的确定应该包括两个步骤：一是由养老需求方确定项目提案。居家养老服务项目的提案由居委会根据作为养老需求方的社区群众意见和建议来确定，在提案中详细列举养老服务的内容、筹集资金的分配方案、审批、评估以及资金的管理等，并且以正式文件的形式把项目申请的程序和具体事宜规定下来，提交政府主管部门。二是由政府主管部门根据收集到的提案意见中所包含的居家养老服务项目进行严格评审，科学立项。政府在项目的审批中遵循严格的程序：由项目提案方向政府主管部门提出书面申请；政府主管部门接到申请后，根据养老需求方的意见进行初审，初审通过后组织专家和养老服务需求方代表组成的评审委员会进行评审；评审委员会根据初审意见进行评审，评审通过后报政府办公室进行审定；政府办公室审定该项目是否通过。

（2）项目的招标

项目审批通过后，政府主要进行合作单位筛选工作，范围限定在几个优秀的非营利组织中，确定实施居家养老服务项目的非营利组织，其中可以将非营利组织规模大小、成立时间长短、管理能力强弱、信誉好坏等作为竞标因素。在整个招标过程中，本着公开、公正和公平原则，避免走形式化道路，滋生腐败，违背项目建立的初衷。

（3）政府与非营利组织参与居家养老契约化合作模式的签订

政府与非营利组织签订的居家养老契约化合作模式的签订内容主要包括服务项目和内容、合作的具体途径两方面。第一，具体服务项目和内容。这是契约化合作模式中最为关键的部分。政府与非营利组织契约化合作模式的具体内容主要是根据居家养老服务对象的身体情况来划分：一是自理级别，适用于完全具有行为能力的老年人群体。提供服务的内容主要包括清理家内卫生、洗衣做饭等基本服务。二是半护理级别，适用于头脑清醒、行为较为不便的老年人群体。在上述服务内容的基础上，增加刮胡子、剪指甲等基本护理服务。三是全护级别，适用于头脑一般清醒、行为不便的服务对象。在上述服务的基础上，增加穿衣、擦身等项目。四是特护级别，适用于完全无法下床的老年人群体。在上述服务的基础上，增加喂饭、床上护理等高级护理服务。居家养老服务内容还可以针对不同群体的需求，增加其他附加类服务内容，包括医疗保健、精神慰藉、文化活动等服务。第二，合作的具体途径。两者契约化合作的具体途径是通过养老服务方式来体现。养老服务方式主要包括政府与非营利组织合作提供服务、居民自费购买服务和志愿服务三种服务方式。其中，政府和非营利组织合作提供居家养老服务是核心。契约化合作提供居家养老服务时，可以通过向非营利组织提供场地、基础设施和办公设备，为居家养老服务提供专项资金，以支持其发展。老年人可以通过政府补贴券、星级会员等渠道，享受居家养老服务。

（4）资金的筹措

资金来源是契约化合作模式的核心问题，它涉及的利益是多方面的，在资金筹集上绝大多数采用的是多渠道融资的途径。具体来说，可以通过老年人自愿缴纳、政府拨款以及组织社会捐赠等多种方式。最为主要的方式是政府补贴，它具有福利性，但提供的居家养老服务在某种程度上还需收取一定的费用，这个可以根据老年人的收入情况与实际家庭情况来定。

（5）项目的履行和监督

政府与非营利组织合作参与居家养老服务，形成契约化合作模式，主要问题是如何对其服务的质量进行有效的履行、监管与反馈。具体来说主要有以下几种：一是专业的评估机构；二是社会公众、媒体监督；三是建立专家监督机制，邀请专业来诊断契约化合作模式中存在的问题并且提出解决方案。

（6）反馈程序

在居家养老服务的实践过程中，建立良好的反馈机制，定期汇总居家养老服务的现状和出现的问题并向相关部门汇报，这也是相关部门对其服务单位的监督，对于没有良好履行其职责的部门，政府有权随时终止协议。

4.3.2 居家养老保障中实现政府和非营利组织契约化合作模式的完善措施

政府与非营利组织契约化合作提供居家养老服务作为一种理想型居家养老服务方式，在我国正逐步发展成熟，这种契约化合作模式在发展与应用的过程中逐渐形成切实提高居家养老服务质量的关键路径。为有效地实现契约化合作模式，从多方面提出完善措施。

1. 加强养老服务人员队伍建设

目前，我国的居家养老服务护理人员不论从规模还是专业水平都无法适应人口老龄化对居家养老护理员的需求。居家养老服务人员队伍之所以缺乏，主要是因为服务人员心理素质较低，把居家养老服务作为一种谋生方式，并没有用心去提供服务，缺少对养老服务事业的投入与奉献。现有的居家养老服务人员文化素养普遍不高，缺乏相应的护理专业知识。主要可以通过以下方面来改善。第一，可以针对居家养老服务人员开设培训学校或者机构，让从事居家养老服务行业的人员接受专门的培训，以打造专业型服务队伍。第二，对于在岗人员进行集中培训，设定相关证件的正式考试，考试合格拿到资格证书者，竞聘上岗。第三，改善居家养老服务人员的工资福利。一般情况下，要保障服务人员的基本工作，适当考虑提高福利待遇，鼓励更多的社会人士参与其中。第四，政府和社会应通过电视、网络、报纸等大众传媒积极营造尊重为老服务者的舆论气氛以提高其社会地位，转变社会对其职业观念，使其获得归属感和职业认同感。

2. 建立合理的评估监督机制

在发展契约化合作模式过程中，保障双方的独立性是前提，实现契约双方的权责一致。要想实现契约双方的权责一致，合理的评估监督机制是关键。评估监督机制是衡量契约化合作提供居家养老服务是否达到原定目标的重要手段，是政府提高执政效率的重要标志。建立合理的评估监督机制需要从多方面着手。首先，要通过公开招标聘请的第三方组织来评估。这既可以促进评估的公平性，又有助于契约化合作模式的更好发展。其次，在评估过程中，要根据合同的具体内容，建立一定的评估标准和程序，逐一进行评估。再次，除了对服务内容进行评估，还需对非营利组织进行全面评估，对达标者，可续签；对不达标者，中断合作。最后，在对居家养老服务供给双方进行评估的同时，还需要对其进行监督，避免在提供服务的过程中出现政府干涉过多、财政拨款不到位等现象。切实建立一套合理、系统的评估监督机制，确保双方的权责一致。

3. 增加政府公共预算

增加政府公共预算是居家养老契约化合作模式得以实现的财力保障，是一个不可或缺的条件。一方面，政府要对老年人进行需求调研，确定其合作服务的具体内容。针对合作服务的具体内容，建立预算机制，将居家养老服务的经费纳入财政体系，以非营利组织提供服务的质量来确定是否予以财力保障并合作。另一方面，加大政府自身财政力度的同时，还要做好宣传工作，让社会积极参与其中，开拓其发展渠道。增加政府预算，促进非营利组织良好发展，使更多老年人享受到高质量、多样性的服务项目，进而度过愉快的晚年生活。

4. 完善相应的法规保障程序公平

从本质上来说，契约化合作模式是一种契约式服务。因此，要想实现政府契约化合作模式，关键是建立健全的法律法规制度，让居家养老服务在良好的制度环境中有效地发展，也为保障老年人服务提供了一个安心的法律环境。一方面，政府在与非营利组织合作提供居家养老服务时，必须完善有关的法律法规，保障其服务能在公平、公开的程序下进行，进而形成受法律保护的合作关系。另一方面，政府要进行制度创新，完善法律法规。在契约化合作模式发展过程中，政府要从众多的非营利组织中择优选择一家来提供服务，这样既能保障其公平的选择程序，又能在潜意识中逐渐提高服务水平，也能够让政府通过较少的投入使公民获得更加满意的服务。

5. 充分发挥社会力量

契约化合作模式的发展，除了需要政府与非营利组织双方的努力，更需要社会力量的参与和支持，以促进契约化合作模式的发展。首先，加强公民参与居家养老服务的活动建设，提高其参与的积极性，形成良好的社会反馈制度。居家养老服务事业可以说是关乎每个人的切身利益。因此，公民要积极参与其中，帮助政府和非营利组织做好居家养老服务的反馈工作。其次，发挥社会监督作用。政府与非营利组织契约化合作模式主张社会参与监督，让社会发挥监督作用。再次，契约化合作模式需要在政府监管、法律约束和社会监督的共同努力下，不断发展与成长。最后，加强社会道德教育和宣传，倡导公民孝敬老年人。契约化合作模式的发展离不开政府和非营利组织的合作，更离不开公民共同参与。通过社区进行居家养老服务相关政策的宣传，让社会自然地形成养老敬老的传统美德，这不仅有助于提高公民敬爱老年人的意识，更有利于居家养老服务队伍的扩大。老年人在社会上处于弱势，他们从社会财富的创造者转换为消费者后，身心健康状况逐渐下降，需要得到社会与家庭的尊重和爱护。

第 5 章　我国城市居家养老存在的问题及其原因分析

居家养老与传统的养老机构相比，具有成本低、覆盖面广、服务方式灵活的特点，可以使经济有困难但又有养老需求的老年人享受物美价廉的服务，还可以减轻政府在养老基础设施建设方面的投入。同时，我国传统家庭伦理“落叶归根”的理念使很多老年人不愿离开自己的家庭和社区。总之，居家养老容易满足老年人的心理需求，是适合老年人养老的一种养老方式。但是，由于我国居家养老现在还处于起步阶段，老年人对社区服务的利用率不高，社区养老服务与老年人的迫切需求存在着差距，所以居家养老还存在许多问题，制约居家养老的发展。

5.1　我国城市居家养老存在的问题

从表面上看，居家养老就是利用老年人的住房，把养老院建在家里养老，实际上居家养老是一个较复杂的养老问题，它不仅需要亲人、亲友、邻居、志愿人员给予支援，更需要政府、非营利组织、市场资源等各方面的共同配合；需要受益人群予以响应，更需要社会等各方面予以关注。较完备的居家养老是指类似英国“社区内照顾”和“由社区照顾”相结合的居家养老模式，但从当前来看，我国居家养老还很不完善，处于“叫好不叫座”的态势。

5.1.1　居家养老服务项目少，内容简单

人由中年进入老年后，成为弱势群体，身体状况下降，对养老服务的需求会越来越多，越来越迫切。国家推广居家养老的初衷并不是简单让老年人在家中安享晚年，而是让他们不离开家庭，仍然能够享受到专业水平的养老照顾。但是，目前我国的居家养老服务还只是一种简单化服务，主要依托社区为老年人提供衣、食、住、行等一般日常生活需要，而专业化的养老服务项目提供得较少，且缺少组织性的社会参与，具体表现在以下几个方面。①老年人并不是同质的人口群体，由于收入水平、文化程度、健康状况等方面的差异，老年人的需求也会因人而异。这说明老年人养老需求具有多样性，我们提供的简单化养老服务项目远远满足不了其需求。②老年人只有积极地参与社会活动，才能保持生命的活力，

重新认识自我，这就要求老年人不能只待在家中，必须接触社会，生活内容向家庭之外扩展，从闲暇的时间安排中重新得到生活的满足感，加强日常保健护理，这是老年人健康长寿的基本要求。③随着老年人口的增加，这方面的需求会越来越多，这就需要由有一定医疗和护理知识的社会工作者服务老年人，为他们提供专业化的预防性健康护理服务和日常护理，这既满足老年人照顾和护理的需求，又能帮助家庭和医疗机构减轻负担。可是，目前我国开展的专业化预防性健康护理服务较少，缺少专业化服务。④精神慰藉是养老需求方面的突出问题。随着空巢家庭的增多，精神慰藉问题越发重要。独居老年人普遍感到空虚、孤独，有的老年人因此而患病或者产生心理障碍。要帮助老年人不脱离社会，不能简单停留在保持他们互助、平等分享社会成果，更要考虑如何体现老年人的价值和尊严，但是精神慰藉工作没有得到社会各界的足够重视，也没有恰当的方法和途径予以解决。⑤老年是人生的最后阶段，老年人面对死亡、病痛，不免会感到恐惧，因此临终关怀服务成为重要工作。但是，我国社区居家养老这方面的服务较少，不够专业化，未能综合利用社会学、心理学、护理学等专业知识，为老年人提供临终关怀服务，给予老年人精神安慰和支持。

5.1.2　居家养老服务资金缺乏，筹资渠道单一

我国居家养老是依靠政府资助才发展起来的，主要由政府投资，这种主要依靠政府投入的发展模式已经无法满足居家养老日益发展的需求，致使居家养老处于资金短缺的困境。

从目前来看，我国居家养老的资金来源主要包括以下几个部分：第一，社会福利彩票的福利金。2001 年 5 月，民政部制定了全国社区老年福利服务“星光计划”，从中央到地方，通过发行福利彩票筹集社会福利金，绝大部分用于社区老年人福利服务设施、活动场所、农村敬老院和居家养老服务经费，解决了居家养老服务一部分经费。第二，居家养老服务补贴。为了应对人口老龄化的挑战，进一步拓宽养老的服务渠道，大连市民政部门制定了货币化养老的方案，货币化养老服务补贴分为“居家养老服务补贴”和“机构养老服务补贴”两种，居家养老服务补贴就是由有关部门出资金，以代币券的形式向特困老年人定期发放，老年人可以持券到社区购买服务。第三，政府购买居家养老服务。宁波海曙区星光敬老协会是一家开展居家养老服务的非营利组织，具体负责居家养老服务，经费由政府预算拨给星光敬老协会，敬老协会依托社区组织运作，星光敬老协会提前把服务员每个月工资拨到社区，服务员给老年人服务后，每月到社区领取工资，星光敬老协会负责检查、监督。第四，时间储蓄模式。时间储蓄服务首先在上海推行，也就是通过组织低龄健康老年人向高龄非健康老年人提供生活照料服务，将其服务时间记录存档，等服务者本人将来需要时，再由低龄老年人向其提供类似的服务，进而形成“我为人人，人人为我”的邻里互助关系及良性循环，不失为一种解决居家养老服务资金的好办法。

从以上分析我们看到，居家养老服务的经费主要来源于政府和民政部门投入，经费筹集渠道单一，多方配套不到位，投入有较大随意性、波动性，严重阻碍居家养老服务的可

持续发展，经费缺乏，导致购买力不够，受惠老年人范围小而且补贴额度低。从广泛的社会福利来看，高福利国家实践的失败表明，单靠政府的力量不能建立一套可持续的福利国家制度，而且我国经济不发达，仅靠国家投资居家养老会给政府带来财政压力。

5.1.3 居家养老服务设施不齐全，功能设置不合理

居家养老服务设施主要是指老年文化活动室、保健室、健身房、老年公寓、社区卫生服务设施、托老所、敬老院等。随着我国经济的发展，人们的生活水平不断提高，老年人对服务、医疗护理、养老设施等方面提出更多、更高的需求。判断居家养老服务能力的一个重要标准是社区养老服务设施是否完善，完善的养老服务设施条件是居家养老发展到较为成熟阶段的标志之一。然而，我国居家养老服务发展时间不长，各地城市社区养老服务设施存在许多不足，不能充分满足老年人的需求。

(1)功能设置不合理。第一，适用性较差。许多社区兴建养老服务设施都是匆匆“上马”的，是为了完成上级下达的行政任务。这些设施的设计较少考虑老年人的生活习惯，忽略了老年服务设施本应该具备的人性化特征。无障碍设施的缺乏使老年人在社区中的行动、生活很不方便。有的社区老年公寓居住楼层过高，不便于老年人下楼活动；老年人的居室不宽敞，老年人不便活动；楼道、卫生间没有安装扶手，老年人容易摔倒。老年服务设施设计不合理直接影响到居家养老服务的质量，不能满足老年人日益多元化的养老需求。第二，布局不合理。老年人日常活动的地方主要在社区，他们的衣、食、住、行主要依赖社区解决，由于其自身的心理、生理特点，他们对社区养老服务的设施要求较高，即居家养老服务设施应位于环境良好，方便社区老年人就地、就近享受服务的交通便利的地方。但是，有一部分社区设置老年服务设施时，并没有考虑这些，例如有的社区医疗机构设置不合理，远离居民，造成老年人看病不方便。这些服务设施不符合老年人的需求，造成资源浪费，使用率很低。

(2)服务设施不够齐全。目前很多的养老服务设施，如老年公寓、养老院等设置的种类太少，随着人口老年龄化的加速，老年人口的大量增多导致对护理和医疗保健需求量将会增大。与此同时，老年人不再工作，闲暇时间较多，对健康保健、日常生活照料和精神文化生活等需求不断增多，但目前的养老服务设施不能满足老年人多元化的养老需求。健康咨询和日常生活保健服务是老年人所需要的，但是目前社区医疗卫生服务设施简陋，专科医生没有或很少，甚至有的社区没有专门为老年人服务的医疗保健设施，没有达到“老有所医”的要求。尽管有的社区有医疗保健，但服务项目较少，基本上没有提供家庭护理、家庭病床等上门服务，无法为老年人提供预防、医疗、康复、护理、照料等一系列服务。老年人晚年常常会感到孤独寂寞，思想负担较重，所以老年人的精神生活也应受到关注，但有的地方仅仅建立了一个老年活动中心，提供的服务项目单一，只是打牌、麻将等，没有提供更多的文化设施，如老年学校、报刊阅读室、图书馆等，体育设施缺乏，室内健身

设施不完善，无法满足老年多样化的养老需求。

（3）社区卫生资源匮乏。社区卫生服务中心普遍规模较小，布局不合理，设备差，医务人员专业水平不高，难以满足老年人的医疗保健需求，而且这些社区卫生服务中心一般都是在卫生部门的领导下为更好利用现有的医疗资源而设立的，大部分未纳入居家养老服务整体系统管理，与社区内其他养老服务机构缺乏经常性制度联系，不能有效发挥作用。

5.1.4　居家养老专业服务队伍素质不高，服务水平低

人力资源是推动居家养老事业发展的基本因素，居家养老要想进一步发展，专职服务队伍建设必不可少，尽管近年来对专职服务人员进行了大量培训，但无论是服务人员自身素质，还是整体服务质量，都和老年人的实际要求存在着较大差距。

居家养老专职服务人员主要由离退休人员、下岗的中年人、待业的青年人、家庭妇女、农民工组成，文化程度普遍偏低，年龄偏大，而且专业知识不足，政府在居家养老实际运行中管理滞后，已严重阻碍居家养老事业的发展。第一，职业标准出台晚。社区工作者在我国长期以来都不属于一种职业类型，国家在颁布行业分类和职业分类中没有将社区工作者具体分到哪一类职业中，职业身份不明确导致社区专职工作者资格认定、职称评定难以解决，晋升机制的缺失不能保证社区工作者相应的待遇和福利。2004 年国家劳动和社会保障部明确了社会工作者的专业地位，但是社会工作者管理办法还没有全国统一的标准，各个省份和城市只能根据自己的实际情况，由民政部门拟定管理办法，各地没有先例学习，拟定法案尚处于探索阶段，管理办法不尽如人意，影响专职居家养老队伍的整体水平和发展情况。第二，待遇低，社会地位低。调查发现，社会工作者的收入相对较低，处于社会的底层，福利待遇、劳动关系、工资待遇都不规范，居家养老服务人员应和其他劳动者一样，享受劳动法规定的各项权利。但事实上，居家养老工作者的工资、医保、住房公积金、劳保等的调整，缺乏相应依据，既没有法定的工作时间，也没有规范的休假制度，缺乏相应的激励机制，这种状况在很大程度上制约了居家养老工作人员的积极性，阻碍了社会工作专业化的发展。第三，专业知识、技能培训缺乏系统性和连续性。虽然目前从事居家养老的人员中，大多接受过相应的专业培训，但是这种培训时间短，内容浮浅，专业性不强，不系统，不连贯，而且培训者本人也缺乏相应的专业知识。随着社会的发展，肤浅培训所学到的知识技能已无法适应实际的需要，也无法解决遇到的复杂问题，居家养老服务人员应具有极强的应用性、操作性，如果服务人员缺乏老龄方面的知识技能储备，不了解老年人的生活习惯，不懂服务技巧和技能，只能是低层次的服务，缺乏针对性，无法满足老年人的需求。第四，人员流动大。受传统世俗观念的影响，一般人认为，居家养老服务人员服侍老年人又脏又累，低人一等，并且工作强度大，工资水平低，福利待遇差，不愿从事居家养老服务，造成现有护理人员远远低于需求量，很多服务人员一旦找到其他工作就马上走人，从而影响了护工队伍的稳定。同时，我国每年也有大量社会工作专业人才进入社

会，他们大多不愿意去基层社区工作，每年进入相关岗位任职的毕业生不到10%，而且每年都会有大量专业人才离开工作岗位，大量专业人才流失使居家养老专业化服务水平无法提高。

5.1.5 居家养老志愿者服务人员管理体制不健全，可持续发展能力弱

居家养老志愿者服务人员主要由具有道义精神、奉献精神的热心市民、在校大学生、离退休人员、中小学校的老师和学生组成。他们一般都有各自的工作、学习岗位，完全凭爱心自觉奉献，工作内容主要是为老服务，包括上门服务、疾病护理、义务维修、门诊、咨询、值班、保健讲座等。其特点是自愿服务，不计报酬，一般没有接受过专业的养老服务培训。

我国城市社区志愿服务发端于20世纪80年代末期，20世纪90年代以来取得较大的发展，志愿者服务队伍不断扩大，服务领域得到扩展，服务效果得到增强，从长远趋势看，社区居家养老志愿者队伍发展将成为一种主流趋势，并在以后的居家养老服务中发挥重要作用。但是，我国社区志愿者服务队伍，尤其是居家养老志愿者服务人员发展时间短，各方面制度、措施有待完善，还有很长的路要走。第一，发展时间短，参与人数比例低，结构相对单一。目前，我国社区志愿者人数占人口总数比例很低，其中社区养老服务的志愿者比例更低。现在经济社会发达国家志愿活动服务的平均参与率一般是30%~40%，世界各国平均参与率也在10%左右，我国参与率远低于国际水平。国外志愿者服务需要掌握相关的社区知识，并累计工作到一定时间，颁发志愿者证书，而我国许多志愿者多数是偶尔参与。第二，管理体制不健全，运行效率低。缺乏管理制度保障。成员的招聘、培训、流动、退出程序随意性较大，全国没有统一的准入口径，各个部门各自为政，财政收支透明度不够，制度规章约束力不足；缺乏有效的登记注册制度，注册方式混乱；成员技能差。缺乏法律制度保障。目前全国性的法律法规尚处于空白状态，使志愿者服务缺乏法律支撑，阻碍了志愿者服务的健康发展。缺乏社会保障制度。社区志愿者合法权利得不到有效维护，权利与义务明显不对等。第三，活动经费拮据。我国大多数的志愿活动都是义务的，只能依靠自己筹集资金。资金不足严重限制了志愿者队伍的发展，造成其招募、培训、管理等流于形式，成为短期行为。所以，要广辟财源，鼓励广大公民支持这项事业，特别是私人的捐赠，并在可能的情况下建立起巩固的长效基金，以维持这项事业的可持续发展。第四，服务意识不强，技能水平低。有的志愿者对老年人缺乏爱心，把志愿服务当作对服务对象的施舍，究其原因是人们对社区志愿服务的认知程度不足，对社区志愿服务存在不同程度的质疑与担心。同时，我国社区志愿者队伍整体技能水平不高，知识基础薄弱，部分地区受形式主义的影响，社区志愿者队伍建设过分追求数量，质量不高，滥竽充数，致使社区志愿者队伍建设出现未培训就上岗等严重问题。第五，缺乏有效的激励机制。目前，我国对志愿服务者的激励机制主要有两个：一是榜样激励；二是沿用传统的整齐划一的表彰奖

励方式。这种激励机制已与当前社会不相适应，这种奖励缺乏针对性，受表彰者虽获得荣誉，但无法解决现实生活困难，普通志愿者感觉榜样距离自己遥远，难以学习，对于典型人物事迹过于夸大其词，甚至造成公众的反感。第六，志愿服务的可持续发展能力弱。首先，政府行政化干预过多，志愿服务组织自主性弱，许多活动多是配合上级交给的任务。其次，社区养老志愿者队伍不稳定，人才流失尤其是骨干人才流失严重。最后，社区志愿服务衡量统计工作不足，付出——回报机制失衡，尤其是激励机制不健全，志愿者成员积极性不高，服务难以持续进行。

5.1.6 观念认识不到位，政策法规不健全

居家养老服务开展时间不长，无论是对社区居民还是对政府管理部门都是新鲜事物，需要政府、社区各方面积极倡导和动员，整合一切可以利用的资源，加强法规建设，但这方面仍存在许多不足，阻碍居家养老事业的发展。

第一，观念认识不足，包括职能部门和老年人自身两个方面。从职能部门方面来说，面对人口老龄化的挑战，他们对居家养老的重要性和迫切性认识不足，观念落后，没有把居家养老服务事业提高到反映社会进步水平和提高人民生活水平质量的高度来认识，服务意识不足。从老年人方面来说，老年人对居家养老服务政策认识不足。长期以来，老年人养老都是自己家中之事，认为靠政府照顾是给孩子丢脸，孩子没有能力政府才会出面，不愿麻烦政府，总觉得服务人员的服务没有自己儿女照顾的好。还有的老年人则正好相反，认为反正是政府买单，能享受就享受，认为护理员就是政府花钱雇来的保姆，家中可以依靠自己孩子能解决的问题都要社区护理员来帮忙，给社区服务人员增加了许多额外工作。

第二，相关法规缺失。当前我国经济社会发展水平不高，正处于体制转轨过程中，物质基础薄弱，使养老助老服务存在较多困难，老年人的合法权益得不到保障，需要用法律法规来调整有关社会关系，将一些道德规范上升为法律规范。特别是我国推行居家养老时间不长，需要建立针对居家养老服务的政策法规，而目前的法律法规还不完善，因此需要建立健全为居家养老保驾护航的相应的政策法规体系，以做到有法可依，有章可循。

5.1.7 居家养老服务参与主体单一化，受惠面狭窄

居家养老是涉及面较广的系统化工程，参与机制需要灵活、公平，协调机制需要健全和科学，否则都将导致社会资源的闲置和浪费，引发不同服务主体之间的矛盾。

首先，主管部门单一。目前建立了“条抓块管”的管理体系，成立了各部门都参与的老龄工作委员会，但各部门常常从自身利益出发，能推就推，能躲则躲，难以形成合力，居家养老服务民政部门热，其他部门冷，而且老龄委很难发挥应有的作用。

我国人民大学教授邬沧萍指出：“就机构性质而言，全国老龄委的定位是议事协调机构，主要起到参谋助手、咨询、综合协调、督促检查的作用，在很大程度上是过去定位为事业

单位、社会团体的延续，这样应对老龄化的许多事务同原来一样由各职能部门按传统思维办理，体现不出与时俱进和创新思维，起不到有力的协调和督促检查作用。我国老龄协会不搞上下对口机构，没有指导地方老龄工作的职能。地方的老龄组织机构问题由各地根据实际情况确定，基层各地的老龄工作机构的建设情况以及老龄工作力度在很大程度上取决于当地领导的重视程度。实际上，老龄工作不仅仅是老龄机构的事务，而是涉及 20 多个职能部门，老龄工作的顺利完成需要其他部门的有效协作。由于老龄机构本身是协调议事机构，没有实体职能，其权威性不够，履行综合协调职能时非常困难。”

其次，投入主体单一。居家养老服务有利于解决老年人养老问题，为了鼓励社会力量参与居家养老服务行业，国家出台了许多优惠政策，扶持居家养老事业的发展，如《关于加强实现社会福利社会化意见》《关于老年服务机构有关税收政策问题的通知》《民办非企业单位登记管理暂行条例》等。但这种非规范的优惠政策模糊了营利与非营利之间的界限，社会机构在争取政策兑现时常常受阻，社会力量直接投资兴办的社区居家养老服务机构的积极性不高，目前提供居家养老服务的机构集中在官办或官办转制单位，不符合形势发展的需要。

最后，受益人群较单一。社会福利社会化是在政府大力倡导下进行的，目的是更好地开展社会福利服务，服务对象为全部城市人口。但是在现阶段，居家养老服务对象大部分只集中在“三无”老年人，60 周岁以上的空巢低保户，特困残疾、优抚、市级以上劳动模范、百岁老年人。而子女不在身边，有一定经济能力，对社区服务有特殊需求的老年人还无法很好的满足。

5.2 我国城市居家养老存在问题的原因分析

上文论述了我国居家养老在运行过程中存在的许多问题，其已严重阻碍了居家养老事业的发展，我们必须认真对待。综合分析，阻碍居家养老发展的因素主要有以下几方面。

5.2.1 政府职责不清，责任缺失与越位并存

居家养老服务是政府推动和组织的一项社会福利事业，从一开始就打上了政府的烙印，大力发展居家养老服务事业是政府必须承担的责任，居家养老服务属于准公共产品，该项服务的科学有效提供与政府在居家养老服务中的正确角色定位和职能定位息息相关。但是在现实生活中，政府在居家养老中的责任缺失和责任越位并存，政府既是管理者，又是执行者，既是运动员又是裁判员。政府作为居家养老服务的宏观管理部门，必须承担居家养老政策的制定者角色，制定相应的法规，确立整体发展规划和分步推进计划，做好经费预算，综合协调，完善养老医疗保障制度，为更多的老年人提供养老金，维持其日常生活基本支出和消费。加大社区投入，完善居家养老服务基础设施建设，使更多的老年人能够方

便地在自己社区内健身娱乐。这样既能促进社区内老年人之间的沟通和交流，丰富老年人的精神文化生活，又能使老年人通过沟通和交流摆脱精神上的空虚，这一点对空巢老年人特别重要。政府尽可能通过整合潜在的养老资源，探索在家庭和社区动员更多养老资源的操作性政策，进而建立居家养老服务的相关配套制度。但在实践中，政府职责定位不清，承担了本应该由家庭和社会承担的责任，做了大量具体事务性工作，管得过多，统得过死，微观没搞活，宏观没放开，由此导致居家养老出现许多问题，资金投入不足，规章制度不完善，发展规划滞后，从而制约了居家养老服务的健康、有序发展。长此以往，政府不堪重负，而且容易造成人们对政府的依赖，有的老年人即使可以通过家庭和自我照料、养老，却希望将照顾责任转给政府，导致政府责任日益扩大，不利于居家养老服务的发展。

5.2.2　非营利组织发展缓慢，不利于居家养老服务的开展

政府是居家养老服务的主管部门，在开展居家养老服务中，不能仅依靠政府，应该形成政府牵头、社会共同参与、非营利组织动作的运行机制，以确保居家养老服务的顺利开展。政府、非营利组织、养老服务机构各自承担不同的职责。任炽越认为："政府是居家养老服务的宏观管理部门，应主要从事制定居家养老服务的法规、政策，确立居家养老服务的整体发展规划和分步推进计划，做好居家养老服务的经费预算、综合协调和有关的监管工作；非营利组织是居家养老服务的实施主体，它接受政府的委托，开展居家养老服务的具体组织、实施工作和服务对象的评估工作，按时完成政府交办的居家养老服务阶段性工作任务；服务机构是面向老年人直接开展面对面服务的机构，应做好服务人员的选派、服务人员的管理、职业道德教育、奖惩、服务质量的监督等具体工作。通过三个不同层面的有序管理和服务，推进居家养老服务的整体发展。"

由此可见，非营利组织在居家养老服务中起到承上启下、穿针引线的作用。但目前居家养老服务在具体实施中，由于大政府小社会的传统思维，各地政府并没有放权，政府成为居家养老服务的具体承担者，影响了非营利组织参与的积极性，主要表现在资源分配失衡，多数政府并没有专门针对非营利组织的培养政策和资金支持，而且国家和地方政府对非营利组织限制过多，门槛过高，非营利组织发展动力不足。政府应该积极与非营利组织建立伙伴关系，鼓励非营利组织发展，将居家养老具体服务交给非营利组织运作（如宁波海曙区向非营利组织购买居家养老服务，取得良好效果），用资助的形式扶持和约束非营利组织，充分发挥其作用，进而建立起由政府、非营利组织、社区、家庭共同参与的居家养老服务体系。国外很多国家在推行养老照料服务时引入政府购买服务的形式，政府自身只提供很少的一部分，大部分是政府外的部门提供的，其中很大一部分是非营利组织具体实施的。

5.2.3 民生优先的公共财政体制尚未建立

公共财政是指国家为弥补市场失灵，为市场经济提供公共产品或服务，满足社会公共需要的政府分配行为。1998年我国提出构建我国的公共财政的设想，如今公共财政的建设走过了十几年的时间，但我国社会主义市场经济公共财政体制仍不健全。党的十七大报告指出我国公共财政体制改革的内容和方向是："围绕推进基本公共服务均等化和主体功能建设，完善公共财政体系。"发达国家基本都建立了民生优先的公共财政制度，其基本的要求是政府为公民提供基本的、大致均等的公共产品和服务。其基本特征是：①公共性，即满足社会的公共需要，为社会提供公共产品和服务；②非营利性，是指政府财政活动不与民争利，征税以弥补公共产品的生产成本为限；③规范性，是指政府的收支行为以法制为基础，按规定纳入年度收支预算，由财政部门实施，尽量满足国民的公共产品需要。

计划经济年代，我国政府对社会保障承担了无限责任，随着社会主义市场经济的逐步建立和完善，限于政府的财力，政府的这种行为难以持续。从理论上讲，国民福利待遇应该随着生产力发展而不断提高，当然，在不同的社会发展时期，政府需要解决的问题有所不同。我国自改革开放以来的生产力发展有目共睹，但是社会福利的增长明显没有与经济增长同步，政府、企业、个人收入分配结构失衡。一方面，随着人口老龄化，民众对社会福利需求迅速膨胀；另一方面，为了确保经济增长，政府对社会福利需求的投入过于缓慢。原因主要有三个：第一，目前政府强调生产力发展和经济增长，由此导致社会福利投入不足，企业、政府占有剩余过大。第二，社会福利具有刚性特征。社会福利水平需要逐步提高，开始把社会福利标准定得较高，后面增长的空间就会很小，会给国家背上沉重的包袱。第三，我国的非营利组织在国内发展较慢，国外经验表明，非营利组织提供公共产品服务，既节约资源，又能提高效益，但我国社会仍然缺乏承载政府退出功能的载体。众所周知，投入必要的公共财政是推进公共服务社会化、均等化的基础和前提，但我国政府支出结构中经济建设比重过大，公共产品和服务比重过小，不加大社会福利事业投入，大力发展居家养老，只能是纸上谈兵。

5.2.4 民本至上的行政伦理要求缺乏有效制度约束

伦理是一个价值和道德准则的世界，伦理寻求善与恶、对与错，伦理是抽象的；行政属于决策和行动的世界，行政必须完成工作，行政是具体的。在当前公共产品和福利服务有限的情况下，地方政府只是满足少数特殊人群，没有多余的财力顾及公共服务均等化的要求，或者打着发展是硬道理的旗号，热衷于经济投入，GDP增长，致使居家养老服务许多措施仍然停留在口头上，所提供的服务往往是义务性的、运动式的，服务内容和服务水平较低下，具有不稳定性。众所周知，提高社会公共服务和福利水平是政府的职能之一，政府公共支出应进一步压缩建设性和经营性投资，大幅度增加社会福利支出。例如居家养老，其本义是希望整合全社会的养老资源，为全体公民提供的养老服务。社区和社区养老服务机构应承担各自不同的职能，社区是管理者，社区养老服务机构是直接服务者。但在居家养老实践中，许多社区“越俎代庖”，直接接过了为社区老年人服务的棒，不再去思考如何利用非营利组织等各种养老资源为老年人提供全面的、日常的、更有效的服务，做了养老服务机构的工作。公共产品的供给是以政府为主体对公共资源的配置过程，与市场的初次分配侧重效率相比，再分配注重解决社会公平问题，向弱势群体倾斜，尤其是公共产品的供给也是一种稀缺资源，不能厚此薄彼。因此，公共服务产品供给不是一个简单的社会福利问题，而是关系到社会稳定、和谐社会的大问题，是一种对社会利益结构的调节和对利益的公平分配。但由于行政伦理规范仅仅是价值、道德准则，现实生成还有赖于行政人员的主观能动性，所以民本至上的行政伦理要求属于“软约束”，在公共服务的制度安排中行政的“自由裁量权”依然占有举足轻重的地位。

5.2.5　社会治理的公民主人翁意识亟待强化培育

自改革开放以来，我国政府逐步从无限政府变成有限政府，政府的权力向两方面转移：第一，向企业转移。政府企业分开，企业是自主经营、自负盈亏、自我管理、自我约束的市场主体。第二，向社会转移。政府社会分离，政府把大量的社会事务还给社会。这种社会治理思路和国际社会是一致的。西方社会推崇“市场万能论”，但是20世纪二三十年代经济大萧条，市场不再万能，也有缺陷，凯恩斯的国家干预主义由此兴起，强调政府宏观调控。到了20世纪七八十年代，西方社会遭遇了政府调控失败，政府的过分干预会导致权力寻租，引发腐败，导致人民的不满。以舒尔茨、弗里德曼等人为代表的“新自由主义”学派兴起，主张回到自由化的老路上，这条道路同样行不通，于是在英国等地出现了第三部门，就是在市场和政府之外另找一条道，大量的非营利组织出现，形成了一股社团运动风潮，公益组织、社会自治成为一种新的社区治理力量。

社会治理理念是我们建设和谐社会的基础，它本质上就是通往善治，需要发展非营利组织，形成社会领域的自治，其中关键的是培养公民服务意识，强调公民对社会的责任，呼唤社会志愿者勇于承担社会责任。但是，我国非营利组织起步较晚，其培育与建立需要一个较长的时间，目前我国的非营利组织无论是数量还是质量，离社会期盼都有很大的差距。非营利组织需要通过开展业务培训等活动激发自身活力，提高社会影响力。我们期待能有一股社会整合力量，动员更多的个体、组织、企事业单位参与到为老活动中来，真正能弥补社会养老资源和服务能力的不足，以更好地为居家养老服务。

第6章 英国的社区照顾和日本的居家护理服务

人口老龄化是世界人口发展的大趋势，老年人口数量的增多使养老成为世界性的难题。英国的社区照顾以其独特的内容和方法有效解决了英国老年人的养老需求，并逐步成为西方社会主流的养老方式。在亚洲国家中，日本率先进入老龄化社会，日本主要建立了以家庭护理为中心、以社区服务为补充的看护保险制度，也很好地解决了老年人养老问题。

6.1 英国的社区照顾

英国是世界上最早实行社会保障制度的国家，自20世纪50年代以来，英国的社会福利体系经历了从逐步完善、迅速发展到陷入困境而又不断改革调整的曲折过程。作为具有典型意义的福利国家，英国在社会保障的许多方面值得称道，尤其是社区照顾，它为老年人和社会急需援助的人提供了适当的照顾和支援，进而使这些人能够在自己熟悉的家里和社区环境中过独立和正常的生活。英国的社区照顾不但在全国大力宣扬和实施，而且受到国际社会的赞赏，许多国家和地区纷纷效仿，可以说风靡全球。我国近些年来也在推行居家养老，英国的社区照顾对我们有很大的启示。

6.1.1 英国社区照顾的发展

19世纪初，英国开始社会保障立法，第二次世界大战前，建立了福利国家的基本框架，第二次世界大战后，英国在“贝弗里奇报告”指导下，建立了比较全面的福利国家制度。20世纪70年代以来，英国经济持续衰落，其福利国家制度面临严重危机，以撒切尔夫人为首的保守党政府对此进行了较大的调整，英国的福利国家制度发生了重大转型，中央政府作为提供全民基本福利服务的角色，发生了很大的变化，提供服务的责任逐步下放到地方政府及社区。因此自20世纪50年代推行的社区照顾愈发受到重视，到20世纪90年代初，政府更是制定了法规，在全国推行社区照顾。

1. 前济贫法阶段

在英国历史发展中，教会在早期社会福利实践中做了大量工作。中世纪的英国，照顾穷人的任务主要由教会负责，随着英国封建制度的瓦解和雇用劳动制度的兴起，以人身依附为特征的传统的照顾关系受到了破坏，造成了流浪与犯罪等社会问题。为了解决这些问题，1349年爱德华三世国王颁布劳动者法令，禁止流浪和乞讨，具有劳动能力的人必须劳动，不允许公民对有劳动能力的乞丐给予施舍。1531年英国政府颁布法令规定：不能工作的老年人和穷人，可以在指定的地区乞讨，但是必须申请执照，这一法律开创了对老年人照顾的先河。1536年，英国政府制定了第一个公共援助计划，规定穷人可以在他们居住的教区注册，教区必须养活穷人，经济来源于居民的捐助。1572年，伊丽莎白女王颁布法令，设立贫穷救济金，对不能养活自己的穷人提供资金帮助，同时设立济贫院或救济院，对老年人、残疾人等进行照顾。

2. 济贫法阶段

1601年，英国政府颁布“伊丽莎白43条”，即济贫法，它是以前各种济贫法的集大成，它贯彻两个原则：居住区原则和家属责任原则。教区必须供养没有亲属照顾的穷人，但是有亲属还有能力养活他的时候，不能作为救济对象。政府专设救济监督员，负责穷人的救济申请，调查其状况，是否有资格得到救济，监督员负责在教区内执法。济贫法规定穷人分为三类。第一类：能工作的穷人，他们必须在教养院工作，禁止乞讨，禁止公民向他们施舍。第二类：无工作能力的穷人，包括老年人、病人、残疾人等。对他们照顾分两种形式，一种是在救济院，可以得到生活必需品，另一种是在他们自己居住的地方，实行院外救济，发给食物、衣服和燃料。第三类：无依靠的儿童，送到愿意无偿接受的公民家里。

1601年的济贫法为英国树立了最主要的原则，就是地方社区原则，地方社区（教区）为其居民组织和资助贫民救济，为失业者、老年人提供食物、工作，它树立了长达300年之久的政府公共救济模式。但是，17世纪的英国济贫院是英国社会比较黑暗的一隅，住在这里如同住进监狱，婴儿死亡率较高。所以1782年，英国对济贫法律进行改革，政府颁布《1782年济贫法修正案》，废除了济贫院订约人制度，由发工资的“穷人监护人”来代替救济监督员，把有能力工作的人放在自己家里供养，直到找到工作为止。1834年，英国对济贫法进一步改革，颁布新济贫法，把由几个教区的济贫法管理协调成一个济贫法工会，全国设立由国王任命的中央控制委员会；只对老年人、病人、残疾人实行院内救济，取消院外救济等。

3. 社区照顾法阶段

20世纪初，英国开始向福利国家转变，特别是第二次世界大战的爆发，加速了向福利国家转变的进程。第二次世界大战后，英国于1946年颁布了《国民保险法》《国民医疗保健法》，1948年又颁布了《国民救法法》，这三个法律标志着英国建立起了遍及全民的社会保障制度，保险项目达到“从摇篮到坟墓”的水平。

英国社会保障共分三部分：社会保险制度、家庭津贴、公共援助。其中公共援助是专门针对老、弱、病、残所提供的福利服务，政府把无人照料的老年人和残疾人集中起来，通过兴办大型福利院舍，实施住院式照顾，集中供养、照料，这种做法收效还是非常好的，特别是对那些生活不能自理的老年人更是如此。但这种院舍式照顾，通常和受助人生活社区相分离，受助人由此失去了和正常人的交往、生活的条件，它不利于受助人的身心健康，甚至有时还成为住院者致病的一个重要原因。同时，政府出巨资兴办院舍以及出资雇用专职工作人员，也加大了政府财政压力，于是崇尚人权的英国社会发出了让住院者回归社区的呼声。英国政府顺应民意，大力推行社区照顾，到 1970 年，社区照顾在英国成为普遍的社会福利服务方式，1990 年，英国健康部颁布《照顾白皮书》《国家健康服务与社区照顾法令》，1993 年开始在英国全面实施。时至今日，社区照顾已成为英国社会工作的最主要方式，被运用于社会服务的各个领域。

6.1.2 英国社区照顾产生的原因

英国社区照顾的产生与发展和英国的政治、经济、社会、文化等因素密不可分，是随着社会福利政策的变迁而出现的一种福利服务。从政治方面看，它体现了西方社会民主主义政党与保守主义政党在社会福利意识形态上的博弈；从社会领域看，它体现了人口老龄化条件下，人们生活需求的多样化；从经济领域看，它体现了政府在经济低速、财政困难情况下的政策选择考虑；在文化领域，它体现了第二次世界大战后形成的自由、多元、以争取公民权为主流的新社会福利价值观。

1. 保守党上台，大力推行新保守主义

长期以来，英国奉行凯恩斯的国家积极干预政策，通过对其社会福利政策的介入，改变了工业化初期侧重对贫困人口进行救济的“补缺型”福利制度，向追求普遍性、多项目、高标准的福利转变，走上了福利国家的道路。但是，20 世纪 70 年代以后，英国的经济发展由强转弱，出现了较长时间的滞涨，而社会福利开支日益膨胀，财政赤字进一步扩大，由此，人们开始重新审视福利政策，新保守主义思潮开始抬头。

新保守主义认为：第一，福利国家夸大了人的本性和能力，因为人类必须为自己的利益而努力，以人类的有限智慧及理性来建立福利国家，反而会破坏原有的社会、市场经济的秩序。第二，福利国家错误地理解了社会的特性，因为社会生活处于不断的复杂变化之中，中央化组织达不到有效地回应社会的不同情况，推行福利国家的人为结果会对现有行之有效的制度造成破坏；福利国家所推举的集体目的难以得到社会内所有成员的认同，在没有达到社会普遍认可的情况下推行其政策，就会变成“极权主义国家”，令其政策支配人们的一切，因而对自由构成了威胁。第三，福利国家给社会、政治带来了极大破坏。从社会的视角来看，福利国家向社会弱势群体提供社会福利不但会损毁个人的独立性和自发性，大大增加人们的依赖性，忘却个人的社会责任，而产生道德危机，而且会助长这些不劳而获之人的不断扩大之势；从政治视角来看，国家在社会福利上扮演了绝对的角色，大包大揽，而当政策失效时却要背负所有的责任，容易造成政治上的危机。

因此，新保守主义认为社会福利属于个人问题，应该由个人负责，反对由政府提供周密、详细、全面的福利服务。政府提供全面服务的结果会危害社会传统的价值观念，造成个人的全面福利依赖，失去了自主动手的动机，瓦解传统的家庭功能，最终失去最原始的社会制度基础。新保守主义认为通过提倡个人及家庭责任，会使个人更加注重家庭的日常生活照顾及社会控制的功能，减少社会压力，使政府维持最低程度的干预。

正是在这种社会福利意识形态的影响下，20 世纪 80 年代英国首相撒切尔夫人当政时期把保守主义的福利思想变成了国家的福利政策，即①市场代替政府充当主导角色；②政府充当拾遗补阙的“守夜人”角色；③强调个人与家庭的主要责任，促进家庭功能的充分发挥。这种福利政策的具体实施，在以撒切尔为代表的保守党政府大力倡导和推行的、以自助和互助为主的社区照顾政策中可以略见一斑。

2. 经济发展动力不足，福利增长过快

英国社会福利在投资模式上以国家为投资主体，主要社会保障支出由政府承担，这对政府来说是一笔巨大的开销，面临着巨大的财政压力。而且随着人口老龄化趋势加强，养老金数额随之增长，医疗保健费用也随之剧增，需要建立更多的养老院，以照顾老年人，这一切所形成的庞大的福利支出已使国家不堪重负。据统计，英国的福利支出，1951 年为 20.74 亿英镑，至 1982 年底为 685.1 亿英镑，按可比价格计算，已经超出 1.7 倍，社会福利占国内生产总值的比重由 1951 年的 14.4% 跃升到 1982 年的 29.4%。福利支出迅速膨胀，造成政府财政出现赤字，为弥补财政赤字，政府大规模向国内外借款，加剧了财政危机。同时，福利国家的巨额福利支出是以高税收作为财政基础，而高税收又需要高工资为条件，高工资则直接影响到生产成本，由此造成劳动力成本提高，产品国际竞争力下降，导致经济发展动力不足。所以到了撒切尔夫人统治时，政府试图减少福利开支，但这种减少不是简单地压缩开支、降低福利标准，其目标是将钱花在刀刃上，做到少投入、多收益，大型设施的改革要化整为零，打破大型设施的统治地位，倡导在社区建立家庭式小型养老院或家庭养老，让家庭成员和社区共同担负起赡养长辈的责任。英国政府在这一政策改革中应该做的只是政策和资源上的宏观调控，将原来承办养老院的权利下放，由地方政府做主，让地方政府通过调动一切可以调动的力量来支持、协助社区工作。

3. 返璞归真、重视家庭的作用

任何一种文化都肯定家庭在人一生中的重要作用。家庭作为一种最重要的初级社会群体，发挥着多方面的社会功能，可以满足人和社会的多种需求。家庭具有休息、娱乐、感情交流的功能，虽然社会发展到今日，越来越多的文化娱乐和设施已经社会化，但其并不能代替家庭作为个人休息和娱乐场所的功能。同时，家庭内的人际关系是最亲密的人际关系，家庭也是思想感情交流最充分的场所，其成员长期共同生活，平时相互关爱、帮助，是家庭成员精神的重要支持，一个人在工作、学习中遇到困难与挫折，最希望能从家庭中得到鼓励和安慰，尤其是人到老年以后，更需要得到来自家庭的关心和照顾，以慰藉其孤独的心。所以，从 20 世纪 70 年代起，英国政府开始呼吁加强家庭生活的能力，家庭应该是老年人生活场所的第一选择，社区养老是重塑家庭养老的方式，让家庭和社区一起来照顾老年人的生活，很显然，居家养老符合把老年人的需要放在首位和人道主义的社会工作的基本哲理。虽然在英国社会中存在着年轻人与老年人分开居住生活的习惯，但这并不意味着老年人就此失去就近居住的亲属的照顾，专业人士分析认为，老年人不居家养老，而到养老院等机构养老，会失去亲情、家庭的港湾，会损害老年人的身心健康，而使政府花费更多。

4. 尊重文化传统，注重个人价值

英国的传统文化重视以人为本，注重个人价值，是典型的个人价值至上论文化。个人价值至上论者信仰平等，在人际关系交往中注重平等待人，不分社会地位高低，不论与己关系远近，提倡所有人都有资格、有权利生活得尽可能正常，与普通人一样，强调独立自主，要求在公众社会的大环境里有块个人的自由领地或者空间；个人价值至上论者主张个性化，很少考虑别人的评价，愿意并极力表现自己，对待社团、集体责任淡薄，强调保护个人隐私、个人权利神圣不可侵犯。而政府投资设立的养老院等缺乏对个人空间应有的关注，老年人脱离家庭与外界隔绝，而且在设施中一致性大于独特性，使老年人感受最多的是服从和约束。所以设施照顾有悖于英国的传统文化，使在那里生活的老年人过着一种非正常人的生活。人们普遍认为，设施养老是没有选择的选择，它规模小，成本过高，能力有限，设施不全，环境较差，服务水平差，缺乏人情味，冷漠，与世隔绝。这种种弊端已受到社会越来越多的批评，政府在大型设施上的投入实属花钱不讨好，而家庭养老、社区助老可以有效地克服上述种种弊端，可谓一举两得，政府很少的投入可以满足老年人多种需求，并且符合英国的传统文化价值观。

6.1.3 英国社区照顾的内容

社区照顾是英国在福利国家衰落的过程中逐步发展起来的社会化福利服务，这种服务方式的出现并不意味着英国社会福利制度发生了根本性的变革，而只表明英国的社会福利服务方式有所变化，它弥补了福利国家的种种缺陷和不足，使福利服务变得更低成本、更令人满意，对问题的反映更及时、更彻底。

社区照顾在西方社会是一个被广泛应用的概念，社区照顾的定义有很多种。今天的社区照顾是西方各国政府和社会福利服务界在实践中不断探索、修改、补充而形成的。因此，社区照顾作为一个概念体系，它不是静止的，而是一个动态的概念；不是一个封闭的，而是一个开放的体系。因此，要准确地界定社区照顾的含义是比较困难的，并无法涵盖社区照顾实践的全部内容。我们在这里研究的是英国的社区照顾，所以我们以英国的社区照顾定义为准。1989 年英国政府颁布《社区照料白皮书》对社区照顾所下的定义："社区照顾是指提供适当程度的干预和支持，以使人们能获得最大的自主性，且掌握自己的生活，为给老年人提供服务的老年人家庭成员提供暂托、喘息照料和日间照料，通过团体之家和临时收容所，以增加照料范围，直至提供居家照料。社区照顾主要有'社区内照顾'和'由社区照顾'两种方式。"

所谓“社区内照顾”，是指国家直接干预并有制度和法律体系的规范性的养老照顾，通常由政府、公益机构等正式组织提供，照料者都是经过相关机构培训的专业或者半专业人员，在社区内的养老服务机构接受专业工作人员的照料。如老年人日间护理中心、老年人院、老年人福利院、老年人护理院等提供的各种服务均属于社区内照顾的范畴，它的服务对象主要是生活不能自理的老年人。所谓“由社区照顾”，是指通过道德或者血缘关系维系的没有国家直接干预的非规范性养老照顾，通常包括三类：第一类是家庭成员，主要是子女对父母的照顾；第二类是亲属，即兄弟姐妹及远亲等对老年人的照顾；第三类是非亲属，包括邻居、朋友、慈善机构、非政府组织对老年人的照顾，它的服务对象主要是有一定自我生活照顾能力的老年人。虽然两种照顾模式的服务对象、服务方式、服务地点、服务人员等不尽相同，但是它们都能够满足老年人从低龄到高龄直到生命最后阶段的不同层面的不同需求，而且“由社区照顾”是从发展性、预防性的角度为老年人提供照顾服务，“社区内照顾”则是从补救性的角度为老年人提供照顾服务。

社区照顾有许多服务项目和措施，英国社区照顾具体是通过下列服务项目实现的。

第一，居家服务。它是对居住在自己家中，有部分生活能力又不能完全自理的老年人提供的服务。具体项目包括上门做饭、洗澡、理发、清洁卫生、购物、陪同去医院等。居家服务可使年老体弱、行动不便、家中无人照顾的老年人生活在自己熟悉的社区环境中和自己家里，便于和他人沟通。从事居家养老的服务人员有志愿者、政府雇员，这些服务或者免费或者收费较低，一般收费由地方政府决定，在老年人可以承受的范围内，自己支付一部分，不足部分由政府支出。

第二，家庭照顾。它是对卧病在床、生活不能自理的老年人在家接受家人全面照顾的养老形式。为了鼓励家人全方位照顾老年人，政府规定对在家居住、接受亲属照顾的老年人发给和在专业机构养老相同的津贴，以此鼓励在家养老，这样就可以使家人有充足的经济实力照顾老年人，从而不影响家人的生活水平。

第三，老年人公寓。它的服务对象是有生活自理能力但无人照顾的老年人。老年人公寓一般为两居室，生活设施非常齐全，厨房、卫生间、电视等应有尽有，公寓内设有紧急呼救装置，与社区的控制中心相连，一旦老年人身体不舒服，只要求助紧急呼救装置，社区可迅速派人赶到老年人家里提供帮助。这类老年人公寓收费较低，数量有限，申请入住的老年人较多，必须经过政府严格审查确有困难的低收入老年人才能居住。

第四，托老所，包括暂托处和老年人院。暂托处是一种短期护理服务机构，它专门针对家人有事外出或家属长年累月护理老年人而身心不堪重负，需要放松休息而设置的，这时就可将需要照顾的老年人送到暂托处，由工作人员代为照顾，时间可以是几小时，也可以是几天，最长一般不超过一个月，暂托处照顾时间较短不收费，但超过两周，需要支付相应的费用。老年人院则是对生活不能自理又无人照顾的老年人而设置的专门机构，英国有许多老年人是单身或者子女不在身边的，当他们还有自理能力时，可在家或老年人公寓接受服务，一旦完全丧失自理能力，只能入住老年人院，集中接受照顾。

第五，社区活动中心。这是由地方政府兴办，具有综合性功能的社区服务机构，是按照社区居民的人数规模而设置的，工作人员为政府雇员，社区活动中心的主要服务对象为老年人，为居住在本社区的老年人提供娱乐、社交的场所，那些行走不便的老年人可以由中心派车接到中心参加相应的活动，晚上再派车送回。

英国是高度发达的市场经济国家，除了上述这些服务设施，还有大量私营的、以营利为目的的服务机构，消费者可根据自己的经济能力和需求自由购买。总之，英国政府通过一系列措施，把原来由政府包揽的社会福利服务转移到社区和家庭，进而建立起了多元化的社会福利服务体系，以更好地为消费者服务。

社区照顾分类如图 6.1 所示。

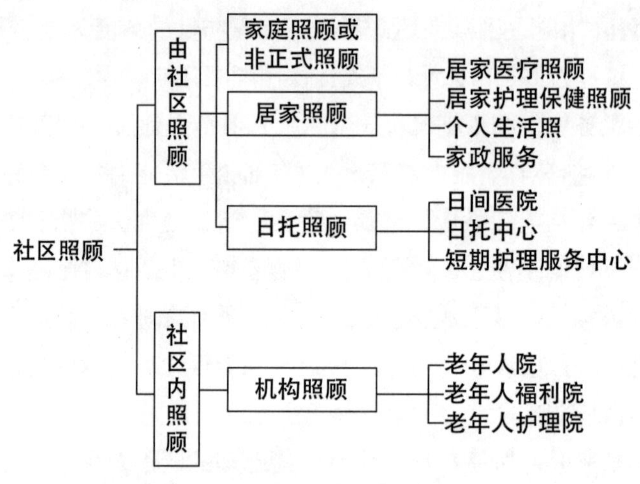

图 6.1　社区照顾分类

6.1.4　英国社区照顾的特点

1939 年英国政府颁布法令，在全国实行社区照顾，时至今日，英国的社区照顾已成为普遍的社会工作方式，其间不断进行完善、变革，在不同时期有着不同的侧重点，但发展的大方向是从“由社区照顾”向“社区内照顾”发展，这种转变也被称为当代老年人社会政策变化的象征。经过几十年的变迁，英国的社区照顾愈加成熟，在以下几方面表现出鲜明的特点。

1. 社区化

社区化也叫“去机构化”，它是社区照顾设计和实际操作中的一个基本概念，它的基本思路是以社区为依托，立足社区，依靠社区，政府将各种服务设施建立在社区中，服务人员在社区中工作，需要照顾的老年人也住在社区的家中或机构设施内，也就是从社区照顾发生的地点来看，只有两个地点:家庭和社区。另外，政府对于触犯法律的人的感化服务，在犯罪者表现较好的情况下，指定他去社区工作，也有对有罪错者的惩罚手段是在社区内从事公益劳动。同时，英国政府大力发挥社区关系网络支持社区各种服务。实际上，社区照顾起源于对患精神病的人出院后的继续关照。社区化有利于为老年人提供服务，避免老年人产生孤独感，可以减少管理和执行成本，使服务更贴近社区的实际情况，消除机构化照顾的人情淡化、模式化、科层化带来的消极影响。

2. 多样化

从英国社区照顾提供的服务内容来看，主要有四项基本服务项目：第一，生活照顾，包括居家服务、家庭照顾，老年人公寓、托老所等；第二，心理支持，包括治病、护理、传授养生之道等；第三，整体关怀，包括改善生活环境、调动周围资源等；第四，物质支援，包括提供食物、安装设施、减免税收等。其中每一项中又包括许多小项，可谓丰富多彩，这是针对需要照顾的老年人制定的，因为每个老年人由于生理、心理等方面的不同，其所需要的服务也不尽相同，必须根据实际情况为老年人制定适合其自身的服务计划，这种多样化服务方式既可提高资源的利用效率，又可为老年人提供针对性服务。据此，社区照顾还发展了个案管理系统和项目管理模式，进而使社区照顾更好地为需要照顾的老年人服务。

3. 官办民助

英国的社区照顾是典型的官办民助，政府在其中发挥主导作用，承担许多职能。第一，制定政策与立法，规定社会福利方面的基本原则，发布社会福利方面的白皮书，制定有关的社会立法；第二，制定具体措施，指导政策执行，在社区设置许多服务机构，发展社区组织去完成这一职能；第三，财政支持，政府虽然将社会服务方面的事务下放到社区、家庭，政府必须对这些服务给予财政支持，也就是把原来由政府承办的社会福利与服务改由政府出钱，交给社区、家庭去承担；第四，监督、检查民间团体和私营机构，政府虽然把社会福利服务交给社区、民间团体等来组织，但他们的服务水平、质量仍然要受到政府的监督和检查；第五，宏观管理，面对庞大的社会福利与服务体系，英国政府实施严格的宏观控制与管理，以保证社会福利事业健康有序运行。所有这一切，只有社区等民间组织而没有政府的参与是不可能办好的。

4. 以人为本

这是英国社区照顾最突出的特点，虽然许多为老年人服务的设施地方较小，但都能就近就便，方便实用，功能齐全，周到细致，适用于所有的老年人，而且在为老年人提供服务时，都会充分征求老年人自己的意见，不强迫老年人接受既定的服务和安排。还会对需要照顾的老年人进行生理和心理检查，建立入住老年人健康档案，针对不同情况的老年人设计不同的服务康复计划。如对脑中风的病人，采取声、光、电复合刺激的方法帮助老年人恢复记忆；对身体活动不方便的老年人，制定康复计划等。

5. 专业化

英国社区照顾多由专业机构提供，照料者大多经过一定的职业培训，能够满足老年人各种各样的照顾需求。同时，由于社区照顾提供的责任者是机构而非个人，照顾者和被照顾者之间存在法律上的契约关系，所以，照顾的过程不会因为照顾者个人的原因而被随意改变。还有，从专业角度来看，社区照顾是在积累了多年的机构服务经验的基础上发展而来的一个新的服务概念和工作手法，在社区照顾系统中，个人服务（如心理辅导）、机构照料（如医疗服务）也大多由相关的专业人员主导策划、管理和执行，每项照料工作都有明确分工。总之，从各方面来看，专业化特征非常明显。

社区照顾优缺点如表 6.1 所示。

表 6.1　社区照顾优缺点

<table>
<tr><th colspan="2">社区照顾的分类</th><th>优　点</th><th>缺　点</th></tr>
<tr><td rowspan="3">由社区照顾</td><td>家庭照顾</td><td>家庭亲情的温暖、便捷、人性化的服务；自由度较大；一定程度的日常独立生活与社会交往可以减少老年人的依赖性，并延迟其入住机构的时间；成本费用比居家照顾、日托照顾和机构照顾低</td><td>有照顾者性别不平等现象；易产生社会、心理的家庭生活压力，造成家庭人缘关系的紧张，导致家庭关系的破裂；不能完全满足老年人的长期护理照料需求，服务质量难以保证等</td></tr>
<tr><td>居家照顾</td><td rowspan="2">老年人可以随时得到生活方面的实际帮助；使更多的老年人得到照顾，并且能预防问题恶化；可以减轻机构照顾的负担，避免机构照顾所产生的负面效应；成本费用比机构低廉</td><td rowspan="2">在体系的协调运作中，老年人的需求容易被忽视；资源的分散和专业人员的稀少可能会造成服务成本的提高</td></tr>
<tr><td>日托照顾</td></tr>
<tr><td>社区内照顾</td><td>机构照顾</td><td>为极度衰弱的老年人提供高密度技术性的服务；能提供长期和积极的治疗性服务；为老年人提供居住、膳食和有限度的日常生活照顾及社交活动；降低家属在照顾方面的压力</td><td>强调“制度”优先于个人；缺乏人性化管理的“病态性”环境；过度的“保护”容易使老年人产生依赖性而加速老年人的生理机能退化；生活比较单一，缺乏变化；有虐待老年人、疏忽照顾现象</td></tr>
</table>

6.1.5　英国社区照顾的启示

社区照顾是发源于西方社会背景下的一种养老方式，从制度体系及其运转效果来看，英国的社区照顾体系取得的成就是显著的，尽管英国和我国现实状况有许多不同，但我国社会固有的孝文化、家国一体和互助精神等传统文化理念非常有利于社区照顾在我国推行。目前，我国也在进行类似英国社区照顾式的居家养老（社区养老）的实践和摸索，英国社区照顾的成功经验非常值得借鉴，我们从中可以获得很多有益的启示。

1. 加强政府对居家养老的支持和引导

英国社区照顾的实践表明，政府在其中扮演重要角色，处于枢纽位置，这种枢纽作用具体体现在社区照顾制度等宏观建设方面，例如英国政府为了发展社区照顾而制定一系列相应法律法规，社区许多服务基本是政府出钱购买服务等。

借鉴英国的经验，今后我国政府在居家养老方面应该做好以下工作：第一，强化政府对居家养老的宏观指导。对居家养老提供必要的支持，协调解决居家养老运行过程中遇到的困难，为其发展铺平道路；加强对居家养老规划的宏观指导；加强从业管理，强化监督机制，充分挖掘社区的物质资源、人力资源，更好地保证居家养老的服务品质。第二，完善对居家养老的政策法规支持。没有规矩不成方圆，政府需制定相应法规为居家养老保驾护航，同时确定社区内各类组织建制，明晰各组织之间的职权范围，特别需要建立对各组织机构工作的内外监督制度，鼓励更多的社会组织加入居家养老的服务队伍中来。第三，加大对居家养老的投资力度。财政支持是政府搞好居家养老服务的前提，在我国，居家养老服务所需经费多来自本地，包括服务收费、自办企业的收入、居民企业捐赠、政府补贴等，经费十分匮乏，政府应该对养老设施用地实行优惠政策，城建规划项目优先考虑养老设施，鼓励单位、个人从事养老事业并给予税收、贷款方面的特殊政策照顾。

2. 推动居家养老专业化队伍建设

英国社区照顾的一个典型特点是专业化，无论从机构的设置还是工作人员的服务，无不体现出此特点。在市场经济条件下，专业化是服务业的护身符，只有专业化才能提高社区照顾的服务水平和市场竞争力，才有利于提升社区照顾的专业化品质。我们在发展居家养老过程中，必须逐步走上专业化发展之路。

第一，大力培养从事居家养老的专业人才。目前，我国社会工作教育还处于不成熟阶段，一些高校虽已开设相关专业，如社会工作或在一些专业开设社会工作课程，但总体上来看和社会工作教育发展比较成熟的国家相比，还有很大的差距。我们应大力发展社会工作教育，加强较高层次人才培养，积极进行社会工作硕士生、博士生的培养，促进我国社区居家养老事业健康有序发展。第二，加大培训从事居家养老工作者的工作力度。目前，我国社区居家养老工作人员大部分缺乏专业知识，因此加强培训是提升从业人员专业知识的最好办法。其具体途径为：对现有居家养老工作人员进行系统专业技能培训，或选送人员接受正规教育；由社区养老机构聘请相关的专家学者授课，传授知识、技巧；积极推进社区居家养老从业人员的资格认证制度，持证上岗。第三，制定衡量社区居家养老服务水平的指标体系。要使社区居家养老走上科学规范的发展道路，制定相应的评估指标是必要的手段，只有这样，社区居家养老工作才有对照的标准，才能评价社区照顾的水平，从而制定进一步的完善措施。

3. 加快培育和发展社会服务组织

英国社区照顾工作繁多，其中很大一部分工作是由非营利组织提供的，尤其是当代，非营利组织的主体作用更加突出，非营利组织利用自己的资金动员和组织各种活动为老年人提供了许多养老服务。但我国长期实行包办福利政策，致使我国非政府非营利组织发展十分落后，在我国目前社会福利供不应求的背景下，培育社会服务组织有利于挖掘民间养老资源，有益于服务与需求的契合。

第一，充分发挥社区的作用。我国的社区主要包括街道办事处、居民委员会等，他们除了进行行政管理，还负有为群众解决困难、兴办公益福利事业之职责。所以，充分发挥社区基层组织的行政权威和组织职能，动员社区内一切力量为居民提供社区养老服务，可以降低服务价格，便于群众就业服务。第二，大力发挥群众组织的作用。我国群众组织包括工会、妇联、共青团、老龄委、残疾人联合会等。它们有深厚的群众基础，队伍规模庞大，而且得到各级政府的大力支持，我们应该充分发挥它们的作用，积极开展社会服务方面的工作。第三，充分发挥社区基层党组织的作用。社区基层党组织主要通过发挥党员先锋模范作用、党组织战斗堡垒作用、党组织对政务公开和社区的监督作用等成为社区的领导核心。

4. 充分利用中华民族优秀文化传统为居家养老服务

英国社区照顾的普遍推行与英国个人价值至上的传统文化有极大的关系。而我国传统文化中的尊老爱幼、扶危济贫、助人为乐等良好社会风尚也是我们发展居家养老服务的宝贵精神财富。

在我国子女有赡养父母的光荣传统，目前我国绝大多数老年人仍然主要依赖家庭照顾，而我国的传统文化为家庭养老提供了条件。随着我国进入人口老龄化社会，社区化的居家养老将成为必然选择。为此，我们不仅要有法律的规定——子女有赡养父母的义务和广泛的社区舆论的倡导，还要倡导社会公益精神，加大对社区志愿服务活动的宣传，充分调动各方力量，积极组建志愿者服务队伍，充分挖掘社区人力资源，改善居民之间关系，营造社区内居民之间的和谐氛围。

近些年来，群众自发创造的、以邻里互助为主的服务小组，帮助五保户、军烈属的包户服务、学雷锋小组等慈善义工大量涌现，政府对其要给予大力支持并使这些社会服务保留下来，形成制度，这样，我国的社会福利与社会服务将出现既向专业化、职业化方向发展，又得到群众广泛认可参与的可喜局面。同时加强社区道德建设，弘扬尊老爱幼、乐于助人的传统美德。所有这一切都会极大地促进我国居家养老服务的发展。

6.2 日本的居家护理服务

日本是最后一个进入人口老龄化的工业化国家，自 20 世纪 70 年代起进入人口老龄化社会，老龄化特点是老龄人口增长速度快，老年人口比例高。据统计，日本目前 65 岁以上老年人口已超过全国总人口比例的五分之一，并且随着人口生育率的下降和平均寿命的延长，日本的人口老龄化的比例将进一步提高，已影响社会经济发展。据此，日本政府建立了护理保险制度，强化居家护理服务，以应对人口老龄化对老年人养老的挑战。我国自 2000 年进入老龄化社会，虽时间较短，却是世界上老年人口最多、老年人口增长最快的国家之一，而且我国老年社会保障体系还不健全，养老已成为一个非常严重的问题。鉴于日本的文化、老龄化状况与我国有许多相似之处，日本老年福利制度的演变及应对老龄问题的思路措施可为我国提供很多有益的借鉴与启示。

6.2.1 日本居家护理服务的发展

老年人身体护理方式具有一定的时代性特征，近代以前，人们的平均寿命较短，一旦身体发病虚弱，一般很快就去世了，即使需要护理，时间也较短，所以，当时身体护理可能是某个家庭遇到的特殊问题，主要以家庭护理为主。到了现代社会，人们的寿命延长，医疗技术先进，老年人身体护理的时间大大延长，同时由于家庭规模小型化，社会竞争激烈，家庭护理功能下降，护理的社会化成为必然，即通过市町村，提供更多护理服务，以满足人们的护理需要。一般认为，日本居家护理服务经过下列三个阶段。

1. 老年人福利法阶段

早期的日本老年人身体护理主要以家庭为主，老年人的养老被认为是家庭的责任。1945 年日本颁布《生活保护法》，开始有了对生活无着落的老年人进行设施照顾的规定，《生活保护法》规定：无人照顾的老年人和其他一些社会弱者到养老设施中集中照顾和养护。这种养老设施及人员的配置都是按照维持最低生活水平而设计的，它明显属于对贫困老年人收容的范畴，而不是为满足老年人身体护理需求而制定的。

1962 年，日本政府开始小范围向需要服务的老年人家庭派遣服务员，这是政府最早实施的居家护理服务。1963 年《老年人福利法》颁布，明确了日本老年人享受福利的权利和义务，通过法律手段对老年人的各种权益给予了保障，法律规定社会低收入阶层的老年人可以申请入住养老院，对于不适合在家庭中护理的身体虚弱的老年人可以申请到特别养老院接受身体护理。这样以来，养老院就由过去接受无人照顾的老年人收容所，变成了需要护理照顾的老年人生活场所。它标志着日本老年人的护理由特殊社会群体扩大到一般社会群体。

1972 年，日本政府对《老年人福利法》进行了修订，规定 70 岁以上老年人的医疗费个人负担部分改为由老年人医疗费支付，1973 年又规定 70 岁以上的老年人及卧床不起的 65 岁以上老年人，其自己负担的医疗保险费由国家、地方政府支付，也就是对该年龄的老年人实施免费医疗制度。为了满足居家养老的慢性病老年人的医疗和护理需要，1978 年，日本开始了部分养老院短期护理服务，1979 年又开始全天护理服务，再加上 1962 年的居家护理服务，护理保险法的居家护理三大支柱初具雏形。

2. 老年人保健法阶段

老年人免费医疗制度为日本老年人社会福利水平的提高做出了较大的贡献，同时也带来了相应的问题：制度设计偏重于医疗，忽视预防、保健；保险基金入不敷出，出现严重财政问题；许多老年人以入住医院代替入住养老院，导致“社会性入院问题”等。为解决上述问题，日本政府进一步完善社会福利制度，1982 年政府制定《老年人保健法》，老年人免费医疗宣告结束，其目的是将医疗、保健相对分割，对健康老年人和患病老年人采取不同措施，规定只有生命处于晚期的老年人才能入住医院接受治疗和护理。1986 年，日本政府对《老年人保健法》进行修订，为需要轻度护理的老年人设立医疗护理、生活援助相结合的保健设施，以减轻老年人病床人满为患的矛盾。

为了加强护理专业人员的培养，1987 年，日本政府规定了护理专业服务人员的培训、考试、录用的标准和方法，护理人员队伍不断扩大，且实现了法制化，为护理社会化打下了坚实的基础。为了更好地满足老年人对护理服务的需求及应对人口老龄化的挑战，日本政府逐步强化了以市町村为基础的居家养老服务体系，具体体现在：① 1990 年在市町村建立居家护理支援中心制度，该制度以市町村为基础，由保健人员、护士等专业人员根据老年人的不同需求提供各种服务；② 1991 年日本政府对《老年人保健法》进行了修订，设立老年人访问护理制度，对居家卧床不起的老年人，由市町村建立的老年人访问护理服务站提供访问护理服务，服务内容包括清洗身体、洗发、洗澡、喂食、康复、临终关怀等。这样，日本老年人的护理工作由国家行政措施向市町村主体转变，以市町村为主的居家养老服务体系初步建立起来，护理的社会化、地方化取得了重大突破。

3. 社区化护理保险法阶段

20 世纪 70 年代，日本遭遇石油危机，经济受到沉重打击，经济社会发展逐步步入低迷期，在此期间，日本的社会保障制度的财政收支出现赤字，而且由于人口老龄化急剧发展，老年人护理长期化、重度化愈加明显。为了应对人口老龄化的挑战，日本政府决定自 1990 年开始，用 10 年时间，培养家庭护理员 10 万人，新增短期机构床位 5 万张，全天服务和护理设施 1 万所，特制疗养院 24 万张床位，俗称“黄金计划”。但是 20 世纪 90 年代后，日本人口老龄化速度加快，需要护理的老年人数量远超过“黄金计划”的预测。1994 年，日本政府对旧的“黄金计划”进行修订，制定“新黄金计划”，决定到 1999 年年末，将家庭服务员由 10 万人增加到 17 万人，短期入所机构床位由 5 万张增加到 6 万张，全天服务和护理设施由 1 万所增加到 1.7 万所，新设老年人上门访问护理服务 5000 个，努力实现居家服务和设施服务一体化。

在“黄金计划”实施过程中，日本政府制定的“新黄金计划”仍无法满足老年人的护理要求，同时老年人医疗福利费用也不断增加，给社会医疗保险造成了较大压力，日本政府难以拿出更多的钱来支持社会福利的发展。在这种情况下，日本借鉴德国的做法，于 1997 年出台《护理保险法》，于 2000 年 4 月在全国统一实施，通过国家立法，解决老龄化社会中的护理问题，它的实施对老年人养老方式产生了较大的影响，日本老年人养老进入类似于我国社区化的居家护理服务阶段。

6.2.2 日本居家护理服务产生的原因

日本进入人口老龄化社会后，随着家庭结构的小型化和女性工作程度的提高，家庭养老功能日益弱化；同时，随着老年人的大量增加，大量高龄老年人出现，尤其是卧床不起老年人和老年痴呆症患者的护理逐渐成为社会问题，由此导致老年福利服务需求多样化。单纯依靠家庭、个人已不能满足老年人养老的需要，护理社会化成为必然。

1. 人们平均寿命延长，护理老年人大幅增加

现代社会中，经济的飞速发展、生活水平的提高、医学科学技术的发达、使人们寿命普遍提高，由此导致老年人口数量大幅增加。据统计，日本人的平均寿命 1947 年为 52.01

岁，1958 年为 66 岁，1972 年为 73.5 岁，1996 年达 80.3 岁，2006 年高达 82.3 岁，成为世界上平均寿命最高的国家。日本在 1970 年时，65 岁及以上老年人口的数量为 739 万人，老年人口系数为 7.1%，到 2000 年为 2187 万人，老年人口系数达 17.2%。根据最新人口数据统计，2008 年 3 月 1 日为止，日本总人口 1.2772 亿，65 岁及以上老年人口数量 2781 万人，占总人口的 21.5%，75 岁及以上老年人口数量为 1299 万人，占总人口的 9.9%，预计到 2042 年，65 岁以上老年人口为 3863 万，2055 年老年人口比例为 40.5%，约 2.5 个日本人中就有一位老年人。

需要护理的老年人数量增加，据日本厚生省 20 世纪 90 年代的统计，65~69 岁需要护理的老年人的发生率为 1.5% 左右，80~85 岁需要护理的老年人的发生率在 11.5%，85 岁以上的老年人则达到 24%。从数量上看，1993 年全国需要护理的老年人 200 万人，2000 年达到 280 万人，预计 2025 年高达 520 万人，而且护理长期化趋势明显。65 岁以上老年人中，每两人就有一人死亡。处于卧床不起状态，在身体虚弱不能自理的老年人中，每两人就有一人卧床时间在 3 年以上，护理压力十分沉重。

2. 小型家庭增多，家庭养老功能弱化

随着经济的发展、人口老龄化的加重，日本的家庭形态和功能发生了较大变化，主要趋向是向核心家庭、老龄家庭、小型家庭方向发展。这种家庭规模的小型化与人口老龄化发展趋势发生冲突，导致家庭养老功能被严重弱化。一般认为，老年人单亲家庭最缺乏养老功能，两口之家的老年夫妻家庭，虽有一定的养老功能，但是十分低下，只有三世同堂或四代同堂的大家庭拥有一定程度的养老功能。这种家庭结构使老年人与自己的儿女及第三代甚至第四代人生活在一起，一方面在情况允许时，承担一部分家务劳动，使自己的身体得到必要的锻炼，有利于身体的健康；另一方面又可获得家人的精心照顾，有利于身体的迅速康复，精神上也可以得到充实和愉快。但是人口的老龄化使这种家庭不复存在，成为历史。日本国立社会保障人口问题研究所在 2003 年 10 月，对日本各类家庭的家庭数量进行预测，认为从 2000 年到 2025 年，一个人的家庭数量从 1291 万将增加到 1716 万，只有一对夫妇的家庭从 884 万增加到 1029 万，夫妇和子女合住的家庭从 1492 万减少到 1200 万。其中，户主为 65 岁以上老年人的家庭从 1114 万增加到 1843 万，户主为 75 岁以上老年人家庭从 394 万上升到 1039 万。这种家庭小型化的趋势反映了日本中青年人赡养老年人的观念在下降，家庭养老功能被大大弱化，日本的老年人护理已不是个别家庭问题，而是一个带有普遍性的社会问题。

3. 妇女社会地位不断提高，护理主体发生变化

和我国相类似，在日本，男主外女主内是长期以来形成的传统，由于家庭分工的不同，老年人的养老护理服务由女性具体负担成了一条不成文的规定。但是，近些年来，这一做法受到了越来越大的挑战，随着社会的发展，日本妇女的价值观念发生了很大变化，男女平等以及对妇女人权的尊重深入人心，传统家庭分工被认为是限制妇女发展、约束妇女的桎梏，特别是 20 世纪 70 年代以来，女性高学历化和就业机会的增加，大批妇女走向社会，

女性就业者的增加动摇了依赖女性照顾老年人的传统养老做法，这使日本家庭的护理、赡养功能弱化。而且日本政府的政策也是要促进妇女的自强、自立和社会参与，第二次世界大战后日本民主化改革的内容之一就是解放妇女。老年人的护理不仅是日常的照顾，还有保健、康复、治疗等专业性行为，即护理服务自身是专业化、技术化、知识化较强的职业，这不是一般家庭妇女所能胜任的。对老年人的护理服务以家庭为单位，分散提供，不如系统由专业组织和专业人员社会化提供。

4. 居家护理服务符合老年人的日常生活需要

现代社会中，每个人的身体状况不同，家庭环境以及价值观认识不同，在养老问题上，老年人愿意接受和希望采取的方式也会因人而异，是依靠家人照顾的家庭养老为好，还是在自己熟悉的家庭环境里接受居家护理服务为好，或是在专业化养老院等设施服务为好，老年人选择的方式增多。总的来说，每种养老方式都有自己的优势，具体到日本，由于受儒家文化的影响，日本具有家庭养老的传统，因此社会化和家庭结合在一起是最理想的养老方式：第一，日本人的一生，从出生到死亡，其间除了一定时间内在学校学习和单位工作，其余大部分时间都是在家庭和社区社会中度过的，老年人的养老也希望能够在维持原有生活方式、原有社会关系的基础上得到实现；第二，人们都希望独立自主生活，特别是不愿接受外来的强迫、压抑和命令，希望实现有自尊的生活和自我价值；第三，人总是希望自己就是自己，希望自己永远是个性化存在，不喜欢平均化，养老也一样。而所有这一切只有选择居家护理服务，才能实现在家庭中继续生活，在不改变其熟悉的市町村社会和生活网络的前提下，通过市町村提供相应的服务，帮助个人实现自立的生活，恢复和维持既有社会关系，保障其生活权利。

6.2.3　日本居家护理服务的内容

随着日本人口老龄化的发展速度加快，旧有的老年福利制度和养老设施已满足不了社会的需求，人们对晚年护理多有不安，而且随着卧床不起和痴呆的老年人口的不断增加，以往的居家护理服务已变得非常困难。为了适应现代社会的发展和需求，日本 1997 年通过了老年人的护理保险法，并于 2000 年 4 月开始实施护理保险制度。2004 年政府又开展了“护理预防及地区互助事业”，增加投资，加大对老年人生活援助事业、护理预防、居家护理的投入。2005 年，日本政府对护理保险法进行改革、修订，日本的居家护理服务的内容、方式全部体现在这部法律及相关措施中，并呈现出自己鲜明的特点。

护理保险及开展“护理预防及地区互助事业”的主要目的是当出现需要护理服务时，以市町村为依托，为需要援助的老年人提供社会性援助服务，以减轻其对护理服务的不安和家庭护理负担，即由社会向需要护理服务的老年人提供日常生活方面的支援制度。

护理保险制度及援助事业主要由市町村实施，护理保险的对象一般是 40 岁以上的人，在这个保险群体中，按不同年龄顺序划分出两种保险类型：65 岁为第一类保险对象，这类老年人年龄较大，服务量大；第二类保险对象是40~64岁的人，这类人保险时间长，投入服务量小。当其因身体或精神上出现障碍，如沐浴、排泄、饮食等日常生活完全或者部分需要护理时，由社会提供护理服务。护理服务及援助事业的项目由居家护理服务和设施护理服务两部分构成，主要以居家护理服务为主，设施护理服务为辅。居家护理服务是以老年人所在的市町村为中心，向老年人提供日常生活照料及护理性服务；设施护理服务是老年人入住在特定的市町村设施内接受护理服务。总而言之，都是以老年人所在的市町村为依托接受服务。

具体来说，市町村设施护理服务有三项，包括：①特别护理老年人院，是指65岁以上身体具有明显障碍，需要经常护理，并且居家护理服务难以实施的老年人的入所设施；②老年人保健机构，是为那些病情基本稳定，不用继续住院，可以回家疗养得以康复的护理看护设施；③护理疗养型医疗机构，是为病情稳定但需要长期治疗的人所设置的疗养型病床群。

居家护理服务多达14项，包括：访问护理服务，日托服务，福利设施的短期入住，入浴服务，康复、护理器具的借贷，房屋修缮等。这些服务都是在老年人的家中进行，目的是不脱离老年人熟悉的环境，在市町村服务人员的帮助下，提高老年人晚年的生活质量，使其自主独立地生活。

第一，居家上门服务。由市町村派出不同类型的护理服务人员，如护理员、康复师、全科医生等，到那些身体多病、生活不能自理的老年人家中提供多项服务。如身体护理服务，即照顾老年人吃饭、洗澡、换衣、排泄等；家务服务，即做饭、做菜、扫除和帮助老年人在室内做适当运动等；还有定期上门了解患病老年人的病情，为其换药、输液、注射等。

第二，短时托付服务。它包括日间护理服务和3个月以内的短期照顾服务，服务的对象是65岁以上、行动不便或短期无法进行居家护理的老年人。日间护理服务，是指早晨将老年人从家中接到市町村老年人设施机构，为其提供洗浴、就餐、体检和安排康复训练等，晚上将其送回家中；3个月以内的短期护理服务，是指老年人家庭突发事件或工作之余出去旅游，而在短期内无法照顾居家养老的老年人，故在短时期内将老年人托付给有短期服务业务的养老院，为老年人提供短期托付护理服务。

第三，长期照顾服务。它是指市町村为老年人提供3个月以上的超长护理服务。现实生活中，确有一部分老年人，他们体弱多病，生活不能自理，而家庭又不能长期照料，由市町村养老服务机构代其照顾日常生活各方面，包括吃饭、睡觉、身体检查、心理健康、生活护理等全方位的服务。

第四，健康指导服务。老年人长期工作后，一旦退休，内心非常空虚，无所事事，长久必然忧郁成病，为此，日本在市町村普遍设立各种老年人活动中心，鼓励老年人参加健康活动，为60岁以上老年人发放健康手册，定期为老年人进行健康体检，举办各种学习班，普及糖尿病、高血压、心脏病等疾病的预防以及自我护理知识和技能，帮助肢体行动受限的老年病人进行肢体功能康复的锻炼，活动中心通过设立健康热线电话和专人接待等措施，开展健康咨询和指导。

表 6.2 为日本护理保险居家服务和设施服务项目内容。

表 6.2　日本护理保险居家服务和设施服务项目内容

居家服务	（1）访问日常照料	入户护理人员提供日常照料与家务援助
	（2）访问入浴服务	入浴车入户提供洗浴照料服务
	（3）访问护理	护士提供疗养方面的护理照顾
	（4）访问康复	物理理疗师上门提供康复服务
	（5）居家疗养管理指导	医生入户访问提供疗养上的管理与指导
	（6）日间来所日常照料	由日间服务中心提供洗浴、进食和机能训练
	（7）日间来所康复服务项目	由老年人保健设施和医院提供康复训练
	（8）短期设施日常照料	由老年人养护设施提供短期日常照料
	（9）短期设施疗养日常生活照料	由老年人保健设施提供短期日常照料
	（10）痴呆患者的集中日常照料	对痴呆老年人集中进行日常照料
	（11）收费老年人院的日常照料	收费型老年人院的日常照料
	（12）福利辅助用具的借贷与购买服务	福利辅助用具借贷与购买的费用补助
	（13）住宅改建费用的资助	住宅小规模改建的费用资助
	（14）日常照料计划制定费用	护理保险支付的制定护理照料计划所需费用
设施服务	（1）老年人日常照料福利设施（特别护理老年人院）	为需要经常性日常照料、在家照料有困难的老年人提供的设施服务
	（2）老年人日常照料保健设施（老年人保健设施）	对于病情稳定，但需在设施中进行一段时间的康复、日常护理照料的老年人提供相应服务，为其居家养老创造条件
	（3）日常照料疗养型医疗设施（疗养型病床群）	对于需要治疗及长期疗养照料的老年人提供相应服务的设施。

6.2.4　日本居家护理服务的特点

日本的老年护理服务体系是随着经济的高速发展而建立起来的，早在 1945 年就有了对生活无着落的老年人进行设施照顾的规定，受儒家文化的影响，日本特别强调家庭的作用，老年人的护理也围绕家庭大做文章，逐渐形成了居家上门服务、短期托付服务、长期照顾服务为主要方式的居家护理服务体系。特别是护理保险法及后续一些措施的实行，居家护理服务成为老年人养老的主要护理方式，并表现出鲜明的特点。

第一，居家护理服务法制化。日本居家护理服务是以国家立法为基础，其形成与发展历程就是相关法律不断完善的过程。1963 年，日本制定了《老年福利法》，它是日本政府在老龄社会到来之前颁布的一部老年人福利大法，被日本各届称为“老年人宪章”。该法强调国家应通过兴建福利设施，收养那些在家中养老有困难的老年人，并通过老年人福利院、福利服务等福利措施来保障老年人的身心健康和生活稳定。1982 年日本制定《老年人保健法》，制定该法的目的在于确保医疗服务的同时，加强老年人疾病的预防、身体保健，它强调家庭和市町村是老年人保健实施的社会基础，它表明日本的老年护理服务由设施服务向居家服务转变，从而确定了居家养老的老年护理方向。1989 年日本开始推行“黄金计划”，以市町村为依托，开展家庭看护服务，政府出资培训10万名家庭看护员，负责看护老年人，使老年人借助市町村力量在家养老。1994年该计划进行了重新修订，更名“新黄金计划”，完善了以居家养老为中心的市町村老年服务体系。2000年4月《护理保险法》施行，它在解决老年人护理照料负担的同时，构筑了社会参与的居家养老服务体系，老年人既可以在家中得到所需的护理服务，也可以到养老机构接受服务，因此形成全方位的老年人居家护理服务体系。2004年日本政府开展了“护理预防及地区互助事业，进一步强化市町村的居家护理服务。经过几十年的发展，现已基本构成了一个比较完整的居家护理服务法律保障体系。

第二，居家护理服务多元化。福利多元主义认为，福利服务由公共部门、营利部门、非营利部门和家庭社区共同负担，涉及的两个主要概念是分权、参与，即多元化。日本的居家护理服务体现了多元主义的特征。日本厚生省设有老年人保健福利部，地方政府的专门机构是福利事务所，再下一级是保健所，是地方政府的派出机构，负责对老年人营养、卫生保健给予指导。日本政府将经营管理实施福利的权限下放给市町村，自己只保留作为国家责任的国民最低限度的生活保障，并在最低保障基础上，尽可能解除国家控制，扩展市町村福利领域，市町村居民享有自主管理的权利。日本非常重视民间的力量，地方公共团体、社会福利法人、志愿者、民间营利企业都参与到市町村老年服务事业中来，成为服务的提供者。日本的福利机构既有中央和地方政府举办的，也有社会团体法人、宗教团体和个人举办的，其中社团法人、宗教团体和个人举办的社会福利机构在数量上远超各级政府。而且各类社会福利机构均可得到政府的财政补贴，其数额比例为“三三制”，即中央政府三分之一，地方政府三分之一，创办者自己三分之一，极大地调动了创办者的积极性。

第三，居家护理服务多样化。日本的居家护理服务在政府的大力支持下，充分利用社会资金、资源、人才，汇集各方力量，向老年人提供福利、保健、医疗及综合性服务，以适应不同身体状况的老年人需要，有上门服务、日托服务、短时托付服务、长期照料、老年保健、咨询等多种方式，老年人也可以根据自己的喜好选择适合自己的服务类型，享受全方位护理。这种多元化的老年护理服务由市町村老年人保健设施提供，有老年人家庭护理站、老年人保健服务所、日托服务中心、老年人护理中心、老年人公寓、老年人之家等。其中老年人护理中心是集住院、康复、娱乐为一体的机构，环境幽雅、设施齐全，有专业的人员为其提供服务；老年人之家分为特别护理老年人之家、护理老年人之家、低收费老年人之家、收费老年人之家，分别收治身体、家庭、经济状况不同的老年人。日本的福利机构为每个入住者都建立了档案，内容包括健康状况、个人兴趣、爱好、脾气特点等，实行系统的计算机管理，生活上配备专门营养部，每天的饭菜既营养丰富，又照顾个人爱好、特点，24小时随时可以洗澡，生活不能自理者有特殊的洗浴设备，定时为老年人体检等。

第四，居家护理服务地方化。即注重家庭养老和市町村服务相结合。日本十分重视家庭养老，家庭养老具有悠久的社会文化根源，基于儒家道德的家庭内代际的赡养依然是人们的首选。虽然人口老龄化对家庭养老造成了很大冲击，但日本仍重视家庭养老，重视老龄化对策中的文化因素。在养老方式上，日本曾走过一段弯路，一度盲目模仿西方模式，投巨资建机构福利设施，一些老年人到条件较好的养老院，衣食住行有了保障，但因远离家庭、亲人而心情郁闷，对老年人健康不利。日本对养老方式认真反思，养老方式的选择必须建立在符合本国文化传统基础上，大量老年人认为在自已熟悉的家中养老是最好的方式，但是现今的家庭已没有能力完全承担这一责任了，所以从 20 世纪 80 年代开始，日本政府积极倡导以市町村为主体的居家护理服务，投入人力、物力、财力，为居家养老提供全面配套的护理服务，建立由家庭、社区、近邻组成的综合性的支持高龄者社会生活的护理制度。与此同时，也重视对养老设施的建设，把养老设施作为老年人最后的护理保障，从而形成了日本现行的居家护理、设施护理等多形式、多选择的老年人护理体系。

第五，居家护理服务专业化。它主要表现为居家护理服务人才的专业化。日本对护理服务人才的要求较高，一个人要想成为社会福利机构工作人员，必须上过大学或专门学校，毕业后要经全国统一考试，还要口试、面试，工作人员必须满足性格开朗、温和、说话和气、待人友善、笑脸相迎等，合格后，还要经过较长时间的培训才能上岗。为了吸引大量人才投身到社会福利事业中来，日本于 1992 年 5 月制定了《福利人才确保法》，从法律上对福利人才培养和人才应享有的经济和社会地位予以保障。同时，在日本几乎所有社会福利工作人员和被护理人员比例为 2 ∶ 1 或 3 ∶ 1，即两个或三个工作人员为一个老年人服务，还专门配备“语言娱乐师”，陪老年人说话、讲故事，以解决老年人的孤独心理。

6.2.5 日本居家护理服务的借鉴

我国与日本在政治、经济等许多方面有很大的不同，但在家庭养老方式、人口老龄化的特征、家庭小型化发展趋势、养老文化等方面却极为相似，因此，研究日本的养老护理服务经验，结合我国的具体实际，制定相应的对策和措施，以应对人口老龄化的挑战。

1. 建立完善的养老保障法律体系

建立完善的养老保障法律体系是日本社会福利成功的经验之一，日本在实施任何一项保障制度时，都能做到法令先行，先立法，后实施，使所有的养老保障措施都有了法律基础，日本有关老年人福利的法律体系包括经济保障、健康保障、就职保障、护理保障等方面，十分完善。而我国相关方面的法制建设十分薄弱，目前涉及老年人保障的专门法律只有《中华人民共和国老年人权益保障法》，它仅仅从宏观上保障了老年人的权益，具有普遍的指导意义，而其他的有关老年人保障方面的内容仅散见于一些法律中，或是各级政府的规定、意见里，法律层次较低，缺乏普遍性、强制性。我国是一个历史悠久的文明古国，敬老、养老是我国的传统美德，但由于市场经济的冲击，社会上虐待老年人、侵犯老年人财产权益的纠纷时有发生，这些问题仅靠道德约束是不能解决的，必须以法律为基础，通过制定完善的法律法规，通过司法机关强制执行，做到有法可依。而且我们应制定相应的单行法规和实施细则，使整个社会对老年人的权益、老年人事业、老年人再就业、老龄产业等都能做到有法可依，各级卫生部门、社区、街道大力开展各种形式的老年保健服务，完善老年医疗服务网络，制定老年人监护制度、老年人护理评估制度，对家庭老年人的照顾者给予减免税收等相应鼓励政策和具体措施。

2. 推动多元化居家养老服务体系建设

目前世界上社会福利服务的发展方向是多元化，日本建立的护理保险制度也是通过制度安排来达到老年护理服务的多元化。日本多元化的社会福利服务特别重视市町村的作用，这对我们有重要的参考价值。

第一，建立以社区服务为主要方式的社会化养老服务。我国各地区生产力发展水平参差不齐，财力尚不充足，国家目前不能拿出大量资金建设老年人养老设施，但基本生活不能自理的老年人，加之旧有观念的影响，许多有子女的老年人在万不得已的情况下，不会进入养老院。我国传统的养老方式是老年人在自己的家中，由子女照顾居家养老，由于人口老龄化、少子化的状况，这种传统的居家养老已不能符合形势发展的需要，必须建立现代的居家养老机制，即社区化居家养老，老年人在家养老不是靠家人照顾，而是来自社会化服务，大力发展社区的服务中心、敬老服务，通过长期工、短期工、钟点工等形式由社区雇人进家侍奉老年人，以妥善解决在家老年人的生活照顾问题。另外，社区医疗、保健、文化、体育、娱乐机构为老年人提供各种服务，这种养老服务非常受老年人欢迎。第二，发展机构养老服务。通过建设养老院、福利院等，为确有需要的老年人提供养老服务，机构养老是整个养老服务体系中不可缺少的组成部分。我国老年人人口众多，根据我国的实际情况，社会养老要灵活多样发展，按照不同层次、不同规模、不同特点和不同需求进行开发，为老年人提供多样化的养老服务。目前，我国养老已呈现多样化、多元化倾向，当然多数老年人仍然是居家养老，今后我们重点解决居家养老配套服务，充分发挥社区作用，使老年人都能快乐地安度晚年。

3. 对居家养老服务实行专业化管理

日本居家护理服务的一个成功经验是对老年人护理服务进行统一的专业化管理，无论是机构的设置，还是服务人员的提供，都可以体现出来。首先，日本从中央到地方有专门的老年人福利行政管理机构，而我国目前尚缺乏一个具有权威性的老年人福利管理服务机构，虽有老龄委这样的组织，但它并不具有权威性，不利于进行专业化的统一管理。在确立行政管理服务机构的同时，还应借鉴日本设置各种审议委员会的做法，设置对政府行政管理监督制衡的组织，还要培养老年人自我管理的意识和信心，大力发展老年人的自我管理组织，它们是居家养老服务发展的必备条件。其次，日本从事老年服务的工作人员需要经过专业化培训、考试，取得任职资格后，才能从事护理服务工作。而目前我国从事居家养老服务的人员主要包括：专职的服务人员，主要是失业的中老年人和待业青年；兼职服务人员，主要为居委会干部、志愿者。他们没有接受过系统的专业教育和培训，缺乏护理方面的专门知识，难以承担起照顾老年人的重任。因此，我们目前应大力培养居家养老的专业人才，在高校开设社会工作等相关专业，对现有从事居家养老的工作人员进行系统培训，建立起衡量居家养老服务水平的指标体系，加强这方面的宣传等，只有这样我们的居家护理服务才能上一个台阶，更好为老年人服务。

4. 强化家庭养老功能

受儒家文化的影响，家庭一向是日本老年人的重要养老场所，日本特别重视家庭养老功能，所采取的措施多数都是围绕家庭来进行的，如日本护理保险法明确规定保险给付的内容，一是居家接受访问护理的“居家服务”，二是在特别养老院等设施中接受设施服务，其中居家服务项目高达 14 种，远多于 3 种设施服务。家庭养老在我国有着几千年的传统，源远流长。家庭是老年人晚年生活的重要场所，可为老年人提供经济支持、生活照料、精神慰藉与心理支持。我国已进入人口老龄化社会，在经济尚不发达的情况下，不宜将老年人全部推向社会，日本在居家护理服务方面的经验很值得我们借鉴。当然，目前我国家庭养老水准低下，基本上处于家庭自养状态，对生活不能自理的老年人只能通过家人和找保姆的方式来解决，这并不是一种解决老年人养老护理问题的最佳途径，最终的解决方法是使这种家庭护理社会化，充分发挥社区的作用，加强社区养老社会化服务，为老年人提供必要的免费和收费合理的社会福利服务，这是强化家庭养老的配套之举。各级各部门应认真搞好居家养老服务工作，统一组织管理，定期培训，定期检查，分片服务，建立老年人服务中心、老年公寓等，努力提高老年服务人员的知识技能，密切邻里关系，弥补家庭养老之不足。

第 7 章　构建我国城市居家养老多元化服务体系

在老龄社会，老年人的需求是多元化的，单一的养老方式无法满足，需要构建政府、社区、非营利组织、家庭四位一体的居家养老体系。

7.1　构建我国城市居家养老多元化服务体系应遵循的基本原则

我国正处于社会转型期，养老观念、福利制度、家庭结构都发生了深刻的变化。建立由个人、家庭、社会、政府共同组成的居家养老服务体系是我国养老方式发展的必然趋势。居家养老既能满足老年人居家的愿望，又能通过社会化服务弥补家庭养老功能的不足，是解决老年人多元化养老需求的上上之策。实践过程中，居家养老必须坚持以下原则。

1. 政府主导原则

居家养老服务是老年社会福利的重要组成部分，社会保障制度的建立、完善离不开老年福利制度，它是维护社会稳定的一种制度，而稳定是国家健康发展的基石，是政府的基本责任。从整个世界来看，社会福利制度由国家主导，政府是实施主体和保障主体，现在已经推行社会福利制度的国家都把提供社会福利纳入政府职能范围，虽然有的社会福利项目由民间团体、非营利组织来提供，但也是在政府的大力倡导和资金资助下进行的。社会福利制度是强制性制度，需要政府依法推动，强制性特征决定了只有政府才能实施这项制度。所以，实施居家养老的基本主体是政府，政府需要制定统一的科学规划，完善相关方面的法规，制定具体的政策，对居家养老服务的需求进行评估，打造居家养老的专业化队伍，扶持非营利组织，加强市场培育，使公办机构与民办机构处于同一起跑线，加强老龄机构建设，提高老龄机构的地位，密切其与其他职能部门的合作等。这些都是政府应尽的职责，而且从理论上说居家养老服务属于准公共产品，按照公共产品理论，准公共产品的提供很大一部分是由政府提供的，这也决定了政府在居家养老服务的主导作用。

2. 多元化原则

传统家庭养老，家庭是老年人养老的资源所在，对老年人的生活照料、经济供养、精神慰藉都由家庭提供，而社会养老或机构养老则是由社会提供养老资源，这两种养老资源均是单一的。在我国老龄化背景下，居家养老不失为一种新型的养老方式。它将传统的家庭养老和社会养老结合起来，吸收各自的优点，从而实现居家养老的多元化，其照料体系涉及国家、社区、家庭和个人等多个方面。因为在我国财力不足的情况下，必须调动社会各方面的积极性，将老年人的社会福利权实现责任分散到社会和个人，通过立法保障和政策引导，实现政府、社会和个人的有机结合。开展居家养老应由政府起主要作用，各种社会力量共同参与，政府、社区、民间组织、服务机构、老年人根据各自不同的职责和分工，共同做好推进工作。具体来说，政府是居家养老保障的管理部门，其主要职责是制定居家养老整体发展计划和分步推进计划，制定相应的法律法规，做好居家养老的投资、预算、综合协调及有关的监督管理工作；家庭作为老年人长期生活的场所和晚年依托，为老年人提供符合其生活习惯、熟悉的安全场所，家庭亲人可以为其提供亲情关怀和精神慰藉。这里的“家”已不是由亲缘关系组成的狭义的家庭，而是包括社区在内的具有广义的家庭概念；非营利组织是居家养老服务的实施主体，政府向其购买养老服务，其接受政府委托，开展居家养老的具体组织、实施工作，以及服务对象的评估工作，保质保量完成政府交给的任务；社区面对老年人直接开展服务，职责是做好服务人员的选派、管理，以及服务质量的监督；老年人自助参与，老年人作为居家养老的主体，有参与居家养老事务的权利，而且关系到其切身利益，老年人也具备参与其中的积极性，老年人自主参与解决问题，不仅有效利用了社区内资源，也锻炼了老年人对于不能自主生活阶段的适应能力。

3. 和经济社会发展水平相适应原则

社会福利是经济社会发展到一定阶段的产物，社会福利水平是随着经济社会的发展而不断提高的，要与经济社会发展同步。经济基础决定上层建筑，社会政策的制定和执行受制于经济发展水平。老年社会福利制度是社会政策的重要内容，它在促进经济社会发展的同时，也受制于经济社会发展水平。一个国家所确立的社会福利对象、项目、待遇水平要受到经济社会发展阶段、生产力水平高低的影响和制约。从国外社会福利的发展历程来看，一个国家的社会福利覆盖范围、标准、项目都只能由窄到宽、由少到多、由低到高地不断提高，社会福利明显超前或滞后于经济社会发展都会引发社会问题和政治问题。所以，尊重基本国情，注重将居家养老服务确定为与生产力水平相适应的位置上十分重要。目前，我国仍处于社会主义初级阶段，生产力发展水平较低，老年人口众多，人均国民生产总值仍不高，这就决定了我国的经济条件是有限的，不可能建立一个像发达福利国家那样“从摇篮到坟墓”的养老保障体系，只能在现有的经济条件下，充分利用可以利用的资源，尽可能为老年人提供服务，既能满足老年人的需求，又不会造成浪费，使居家养老提供的服务与老年人的需求达到最佳结合点。同时，我国各地区经济社会发展不平衡，沿海地区尤其是东南沿海地区经济发展水平较高，广大的中西部地区发展水平较低，所以，我们在制定居家养老服务各项政策时，要充分考虑到各地区实际情况，在制定总体规划时，既要注重整体发展情况，又要结合各地区实际经济发展水平，以更好地为居家养老提供服务，做到既符合我国的国情，又符合各地区社区发展的实际情况。

4. 实用性原则

居家养老是我国重点推进的养老方式之一，其发展经历了先通过试点取得经验，再逐步推广的过程。它是在对我国养老情况全面了解的基础上构建的，具有普遍的实用性，即能满足老年人在养老过程中各方面的需要，包括老有所养、老有所医、老有所教、老有所学、老有所乐、老有所为，涉及衣食住行、娱乐、健康等诸多方面的内容。在构建服务体系过程中，应充分了解老年人的实际需要，做到“雪中送炭”，防止供需脱节、形式主义，开展人性化服务，防止模式化倾向，形成就近、便捷、专业化的居家养老服务体系。具体来说，日常照料，为老年人提供基本的照顾服务；医疗，从老年医学的角度阻止老年人生理功能的衰弱，为得病老年人提供有效的治疗措施；营养，提供富有营养的老年食品；居住，提供适合老年人特点的养老场所；出行，公共交通保证老年人出行方便、安全；娱乐，配置适合老年人身体状况的娱乐活动的软硬件设施；健康，采取措施延缓老年人生理机能衰退和老年疾病的发生等。总之，在居家养老服务上，要充分尊重老年人的意愿和需求，提供符合其个人价值观以及简单快捷的服务，尤其对于行动不便的老年人，力求做到拨一个电话或按一下按钮，就有人上门服务。在服务资费的收取上，应尽量低廉，建立居家养老补贴制度以及政府购买养老服务，构筑普惠型的社会支持系统，使居家养老的物质开支从依靠家庭向社会化统筹过渡，让广大老年人，尤其是困难老年人能享受政府从社会购买的商业性服务与设施资源和社会赠予的各种福利性服务资源。

5. 以人为本原则

以人为本是居家养老的重要原则。政府必须为居家养老的老年人着想，满足他们的需要，为其参与居家养老创造条件，积极为老年人解决问题。居家养老工作者应该把居家老年人的利益放在首位，要注重老年人的心理疏导和指导，培养他们自我解决问题的能力。同时，养老权是老年人的基本权益，如果得不到保证，必然会影响其他权益的实现。养老权包括获得物质帮助和享受社会发展成果两个方面，即老年人有获得养老金、住房、料理生活、分享福利的权利。老年人由于自身存在生理衰退，器官功能退化，劳动能力丧失或减弱，生活自理能力下降，参与社会活动意识淡化，成为社会弱势群体，他们特别需要整个社会的援助。所以在完善居家养老服务制度时，要坚持保护弱势群体和以人为本的原则，通过建立居家养老服务法律法规，保证老年人的权益不受侵犯。

6. 法制原则

没有规矩，不成方圆，居家养老是综合性、系统性工作，涉及千家万户，关系到居家老年人的切身利益，要通过建立和完善老年社会福利法律制度，以及与社会福利制度密切联系的其他法规作为支撑，以保证居家养老和老年福利制度的实施，做到有法可依，有法必依。从国外养老发展情况看，也是如此。日本的居家养老服务体系是以国家立法为基础，其形成与发展的过程就是相关法律不断完善的过程；英国的社区照顾发展先后经历了前济贫法阶段、济贫法阶段、社区照顾法阶段，法制性非常鲜明。当然，由于法律具有稳定性、原则性的特征，在建立居家养老法律保障过程中，还要制定特殊政策和法律相互补充。由于我国幅员辽阔，各地经济社会发展不平衡，各地有自己的实际情况，实行法律保护和政策调节应成为居家养老保障的一项特殊原则，不过应该明确的是在法律和政策之间，法律保护应当是主要的方式，政策调节是法律保护的补充，政策一旦成熟，还要将其适时地转化为法律。

7.2 构建我国城市居家养老多元化服务体系的内容

居家养老服务的内容涉及广泛，这方面的理论、制度建设、社会实践经历了一个逐步发展完善的过程。居家养老服务应立足现实，既不能盲目超前，又不能缩手缩脚，必须量力而行，不搞形式主义、花架子，应实实在在为老年人解决实际困难。目前，北京、上海、广州、大连、宁波、青岛等城市居家养老发展迅速，各地根据经济和社会发展水平及当地实际情况，建立了居家养老服务办法，各地提供的服务大同小异。同时借鉴英、日两国经验，我国居家养老是以社区照顾为主、社区活动为辅、社会参与为补充的新型居家养老模式，而这一模式正好实现了“老有所养、老有所医、老有所学、老有所乐、老有所为”的目标。居家养老一览表如图 7.1 所示。

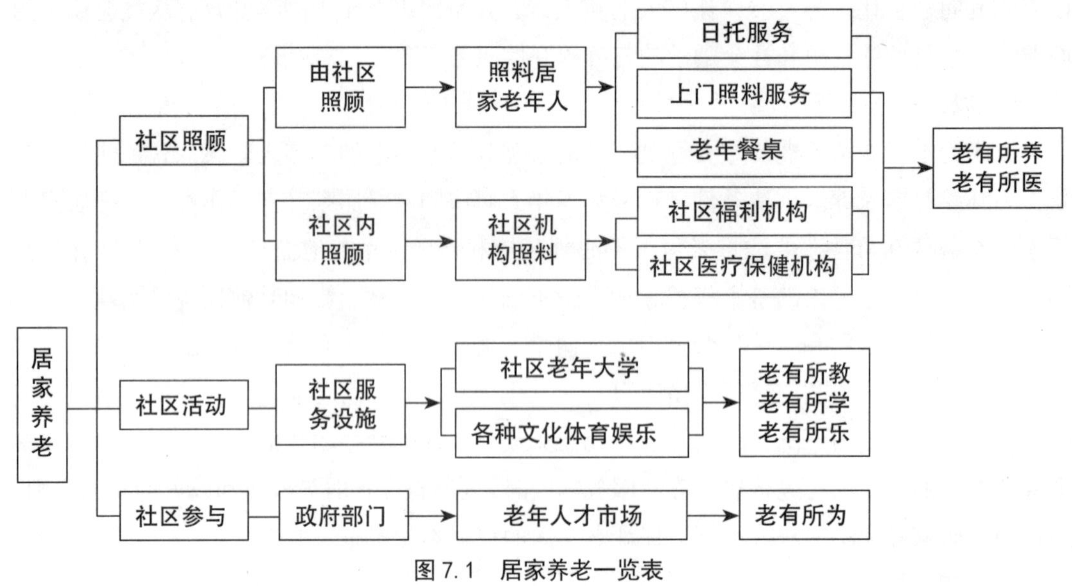

图 7.1 居家养老一览表

7.2.1 社区照顾

社区照顾包含由社区照顾和社区内照顾两方面，由社区照顾就是由社区养老服务人员、志愿人员、朋友、邻居等，为老年人提供的上门照料等服务；社区内照顾就是运用社区养老资源，如各类服务设施、托老所、公寓等，由专业人员提供照顾。它主要从“老有所养、老有所医”两方面解决老年人的需求。

由社区照顾，即对居家养老的老年人提供社会化服务，由上门照料服务、日托服务、老年餐桌三部分组成。上门照料服务主要分为家务型服务和护理型服务，是由老年人所在的社区向老年人提供的入户服务，使老年人尽可能留在家中和增加社区生活，它的服务对象是日常生活能够部分自理的老年人，服务内容包括买菜、做饭、打扫卫生、洗澡、购物、就医等；日托服务是指家人将无人照料的老年人早晨送到日托中心，老年人白天读书、娱乐，与志愿者聊天解闷，排除寂寞，向专业的医疗、法律人士咨询疑难化解矛盾，晚上，老年人回到自己家中与子女共享天伦之乐；老年餐桌是指鉴于老年人吃饭困难，开展老年膳食服务，利用单位食堂、社区内学校，聘请社区内“烹饪能手”为老年人烹制菜肴，提供物美价廉的食品、用餐场所和适合老年人身体状况的配餐，满足老年人需求。这三个方面的服务在全国许多地方都取得了一定的发展，目前需要做的工作集中在如何细化这三项服务的内容，使其符合老年人的生活习惯，更好地为老年人解决基本问题。

社区内照顾，即由社区内的养老服务机构为老年人提供养老服务，包括社区福利机构和社区医疗保健机构两方面。居家养老是我国许多老年人选择的养老方式，但由于“421”家庭大量出现和孤寡老年人的增多，社区内的养老服务机构也是居家养老中的一个重要组成部分，尤其是社区医疗保健服务，在社区居家养老服务中占据着越来越重要的地位，老年人对社区医疗服务的需求也在不断增多。

社区福利机构。通过举办社区养老院、日托中心、托老所、老年人公寓等社会福利机构，以满足身体状况较差、生活不能自理及高龄老年人的晚年生活。社区养老服务机构也属于“住院式照顾”，但与传统的大型福利机构相比，它是分散在社区中的小型养老院，属于开放型的，避免了老年人离开自己熟悉的生活环境去到养老机构，在这里养老的老年人还是居住在他们生活的社区，可以随时与亲人、朋友、熟人见面，也方便家人探望，仍然保持了与社会的接触，它能减轻年轻人照顾老年人的压力，缓解各种家庭矛盾，对老年人的身体状况等方面帮助较大。

社区医院保健机构。社区医疗保健服务是居家养老服务的一项重要内容。它是以社区为范围，以家庭为单位，以健康为中心，以老年人为重点服务对象，集老年疾病预防、老年医疗、老年康复为一体的综合服务。它的服务方式是以全科医生和护士为主体深入社区，为老年人提供基本的医疗保健服务，充当居民保健医生的角色。真正做到小病进社区，大病进医院，康复回社区，从而建立起社区卫生网络化管理体系。从健康入手入户调查，建立老年人健康档案，将老年人的各种疾病记录在案，分类管理，为老年病人带来较大便利；社区医疗保健机构可利用社区各种传媒，大力开展老年健康教育，强化老年人健康意识，通过发放宣传资料、黑板报、宣传窗等形式，普及医疗保健知识，提高老年人自我预防和控制疾病的能力；社区医疗保健机构积极利用自身优势，开展经常性义诊活动，免费为老年人定期体验，在社区内建立家庭病房，解决老年人和行动不便者的就医困难，为他们提供送医送药、体检、康复护理、心理疏导、保健教育等服务。改善就诊环境，提高服务水平和质量，通过举办讲座、培训班，强化业务素质，提高业务水平和职业意识，从而提高服务质量。

7.2.2 社区活动

随着人民生活水平的提高，老年人的需求不仅表现在物质上，而且越来越多地表现在精神生活上。居家养老服务中的社区活动应主要从“老有所教、老有所学、老有所乐”三个方面来满足老年人的精神需要。

老有所教。社区免费为老年人举办各种学习活动，教授各方面的知识，积极在社区开展老年人法律援助和咨询服务，该服务项目以老年维权讲座的形式，组织法律专家，为老年人维权宣传、答疑解惑，提供与老年人有关的财产纠纷、法律继承、再婚、无子女及亲人赡养、老年人受虐待等问题，保障老年人的人身和财产安全。开展这些教育活动旨在运用先进的文化科学知识和法律知识，武装老年人的头脑，保障自己的权利。

老有所学。根据老年人自身的身体情况和兴趣爱好，通过社区老年活动中心和老年大学，自主选择学习内容，除了学习党的路线方针政策，还可以学习老年保健知识、书法、绘画、文学、写作、太极拳、舞剑等，丰富老年人的精神生活，吸引更多老年人走出家庭。通过丰富多彩的学习和集体活动，使老年人生活得到充实，保障老年人的身心健康，缓解心理压力，增长老年人的见识，开阔视野，启迪智慧，使不良情绪得到调节。

老有所乐。开展老年文化娱乐活动，根据老年人的不同需要，通过社区老年活动中心、社区老年学校增进老年人生活的情趣，扩大社交的范围，使精神生活得到充实，满足老年人求知、自尊的需要。

社区可以组织老年人到风景名胜区游览，老年人结伴出游，气氛融洽，在山清水秀的天然氧吧中体验出游的乐趣。可以根据社区老年人的身体条件等各方面情况，成立老年歌唱团、老年模特队、老年书法班等，在某种层面上为他们提供精神寄托。另外，组织社区内的离退休老干部、老教授、老专家组成“智囊团”，帮助居民解决家庭教育、家庭纠纷和社区建设等与居民生活息息相关的问题，使双方都获益。

总之，老年人参加社区活动，可以有效排解孤独寂寞。人是群居的高级动物，长期独居，缺乏交流，会患上孤独症和抑郁症，参加社区活动，通过交流、读书等各种活动可帮助老年人调节情绪，消除烦恼，使老年人心情愉快，强身健体。老年人走出家门，参加爬山、郊游等活动可以活动四肢，放松筋骨，缓解疲劳。当然，在开展社区活动时，要注意实用性，根据该社区经济条件和老年人实际情况开展活动；还要注意多重性，注意满足不同年龄、不同层次、不同爱好者的实际需要。

7.2.3 社会参与

1999 年，世界卫生组织提出积极老龄化的倡议，将积极老龄化界定为“尽可能增加健康、参与和保障机会的过程”，以提高人们年老时的生活质量。2002 年，联合国又把“独立、参与、照顾、自我实现、尊严”确立为 21 世纪老龄问题的基本原则，老年社会参与被正式纳入积极老龄化发展战略。所谓老年社会参与，指的是老年人在自己的需要、愿望和能力的指导下所参与的可能是正规的工作岗位，也可能是非正规的岗位；从事的可能是有报酬的工作，也可能是无报酬的工作；还可能是参与民间社团、志愿者、老年协会、私营机构、老年大学、学术团体、文体团体，甚至宗教团体的活动等。《中华人民共和国老年人权益保障法》第 66 条规定："国家和社会应当重视、珍惜老年人的知识、技能、经验和优良品德，发挥老年人的专长和作用。"第 69 条规定："国家为老年人参与社会发展创造条件。根据社会需要和可能，鼓励老年人在自愿和量力的情况下，从事下列活动：（一）对青少年和儿童进行社会主义、爱国主义、集体主义和艰苦奋斗等优良传统教育；（二）传授文化和科技知识；（三）提供咨询服务；（四）依法参与科技开发和应用；（五）依法从事经营和生产活动；（六）参与志愿服务、兴办社会公益事业；（七）参与维护社会治安、协助调解民间纠纷。"这些都是老年人参与社会的重要内容。研究表明，社会参与是老年人实现自身价值、寻求精神寄托、获得心理满足的需要。继续参加工作的老年人不但身体健康，而且认知功能也好于不工作的老年人。通过老年人的社会参与，也使社会对老年人有一个客观的认识和评价，老年人仍然可利用其知识、经验、智慧为社会做贡献，继续实现他们的人生价值。

对于大部分老年人来说，社区是他们参与社会的重要渠道，老年人通过社区参与社会也是最可行的办法，因为社区是一个涵盖了所有社会要素的社会系统。"社区小社会，社区大社会"，政治、经济、文化、医疗、生活服务等都浓缩在社区之中，它意味着老年人在社会参与问题上，社区有其他单位不可比拟的优势，它拥有丰富的社会资源，能够提供多种社会参与的平台，能够满足不同兴趣、能力、经验的老年人需求。同时，按照社区组织机构的规定，社区组织是自我服务的群众性组织，社区里各种老年自治性组织较多，如老年协会、书画社、老年活动中心、志愿者等，这些组织和团体中，管理者是老年人，参与者、服务对象、提供服务者也是老年人，他们承接了大量社会职能，组织各种老年活动，满足了老年人的需要。

为了更好地让老年人参与社会，社区可建立人才档案，对有一技之长的老年人建立档案，向用人单位牵线搭桥，为社会做贡献。开展老年人才预测和规划，包括老年人才教育培养规划，老年人才智力流动规划和老年人才使用规划；加快老年人才立法，通过建立相关的法规制度，完善老年人才开发的利益机制、保障机制、激励机制，减少对老年人才继续发挥作用的限制，从而形成良好的老年人才开发的运行机制。保障老年人参与社会的权利，使老龄事业逐步走上法制化的轨道。

7.3　构建我国城市居家养老多元化服务体系的路径

居家养老是一个长期而艰巨的工作，需要通力合作，互补联动，构建以政府科学掌舵为主导、以家庭照顾为基础、以社区服务为依托、以机构养老为补充的居家养老体系。

7.3.1 政府科学掌舵

居家养老是一项社会性的大工程，它关系到社会福利事业的发展，政府必须承担起主要责任，发挥主导作用。虽然提出了“社会福利社会化”的发展战略，但并不意味着政府在养老责任上的退位，相反，政府应该承担起制定政策法规、提供养老资源和服务监管的角色。具体来说，就是政府的科学掌舵作用。

1. 制定法规

目前，我国居家养老正处于兴起发展的阶段，政府方面的规范、管理制度等都存在缺失，法律法规存在空白。本来一些可以做也应该做的事情，就因为缺少相应的依据，而不能施行，主要是政府对居家养老工作重视不够，政府没有把居家养老作为大事来抓，没有制定相关的指导方针和长远发展规划，法律法规的制定更是大大滞后于居家养老服务的发展。所以，政府要加快居家养老相关政策法规的制定，如《养老服务法》等，以法律的形式，把居家养老工作制度化、规范化，为养老服务事业的发展提供法律保障，各地区可以根据自身特点，制定符合自身的政策。世界各国在养老服务的发展过程中，都用法律来加以规范。日本由《国民年金法》《老年人保健法》《老年人福利法》《介护保险法》4 部法律约束日本的养老保障；英国在 20 世纪 90 年代初期，制定了《社区照顾白皮书》和《国家健康服务与社区照顾法令》，进一步强调社区照顾的规范措施；美国于 1997 年通过“监察预算调解法案”，建立起老年护理院账单制度、强制性服务质量标准等，使美国的照料服务进入法制化轨道。

2. 筹措资金

资金是实行居家养老服务的基础，居家养老本质上具有福利性，必须要有资金的保障。而我国经济社会发展水平较低，未富先老，资金成为发展居家养老的瓶颈。所以，要不断拓宽资金渠道，多方筹措资金。居家养老服务的资金主要用于居家养老机构成立初期的启动资金和购买居家养老服务的资金。第一，政府资金，包括政府财政投入和福利彩票投入。居家养老是准公共物品，政府公共管理的目标是有效地为社会提供公共物品，所以政府居家养老的财政投入是政府责无旁贷的义务，各级政府要按照公共财政的要求，将支持居家养老的经费列入各级财政预算，制定出具体的标准，拨付专门资金用于居家养老的开展；发行福利彩票，确定一定的比例，专门用于居家养老。如“星光计划”就是利用福利彩票筹措的福利资金来建立各种公益设施及社区老年福利事业的成功案例，它可以积聚大量社会闲置资金，分担政府财政压力。所以，应进一步加大福利彩票的发行力度，筹集更多的公益金，用于居家养老。第二，个人资金，主要包括个人养老金、老年人自身储蓄、子女提供的赡养金。个人养老金由社会统筹资金和个人账户资金组成，社会统筹是指由国家和单位每年按一定比例出钱，支付养老金；个人账户是指参加养老保险的人，开设个人银行账户，每月缴纳保费，退休后支取。自身储蓄是指进行个人养老理财教育，提高人们对养老保障的认识，年轻时做好个人储蓄计划，为老年生活做好预先打算。赡养金是指子女为父母生活提供的经济帮助，子女有赡养父母的义务，应主动为老年人提供赡养金。第三，企业、个人投资。政府的财政投入有限，在资金不足的情况下，鼓励企业、个人投资社会福利事业，推进居家养老服务的开展。第四，捐助资金，积极发展慈善事业，加大宣传力度，开展资金捐助活动，建立居家养老慈善专项基金，保证资金捐助的用途。

3. 统筹规划

没有规矩，不成方圆，居家养老需要科学地制定发展规划，统一部署，统筹安排。第一，制定居家养老住宅规划。居家养老首先要让老年人有家可居，政府在制定城市建设总体规划时，以社区为单位，对老年人住宅做出一定的规划，在旧城区改造和新建住宅小区时，规定开发一定比例适合老年人居住的公寓和老年社区，按照适合老年人居住的要求进行设计、建设和管理。政府要制定优惠政策，鼓励房地产商承建老年公寓和老年社区。第二，制定扶持居家养老服务机构的优惠政策。居家养老服务是一项公益性事业，如果没有政府的政策支持，单纯按市场经济本身运作，不可能吸引到社会的资金、人力、物力的投入。因此，政府必须出台优惠政策，调动社会各界的积极性，鼓励企业、个人开办居家养老服务机构。第三，对积极赡养父母的子女给予鼓励。虽然法律规定，子女必须赡养老年人，但为了鼓励子女赡养老年人，政府可制定相关的政策。如子女购买的是和父母同住的住房，或者为老年人购买老年公寓时，由政府给予部分补贴或价格上的优惠。日本规定，如果子女照顾 70 岁以上的老年人，可以减税；新加坡规定，与年迈父母同住的纳税人的扣税额可增加到每年 5000 元。第四，政府各部门间要积极配合。居家养老工作绝不是民政部门一家之事，还需要卫生、物价、财政、文体等相关部门通力配合，形成由民政部门牵头的部门之间合作的运行机制，无论从形式还是内容给予居家养老以政策指导和监督考核。具体来说，卫生部门和民政部门要相互沟通，把居家养老和医疗服务有机结合起来，社会保障部门和街道、社区协调配合，做好退休人员从单位转到社区的管理工作，为其养老提供各种方便；体育文化部门要组织开展适合老年人特点的健身活动，丰富老年人的文化生活；地方财政要投入资金，税务部门在税收减免上给予优惠，特别是要搞好社会福利服务和卫生保健服务的整合，使有限的资源发挥最大的社会效益。

4. 监督评估

随着居家养老工作的开展，居家养老的服务领域会更加宽泛，服务内容会更加精细和专业，老年人的需求也会更加多元化。在社会为老服务资源有限的情况下，必须考虑什么样的老年人应得到优先服务，针对不同的老年人，应提供什么样的服务，所提供的服务质量的优劣，以及制定的居家养老发展规划是否符合实际需要等。这一切都需要建立较完备的居家养老评估指标体系，使人们对老年人的服务需求具体化，同时对老年人所提供的服务也能以量化的方式形成制度规范，便于制度的实施、运行、评估、考核，也有利于社会各界对老年人养老生活的监督、了解，促使各类居家养老服务机构向老年人提供优质的服务。

具体来说，需建立的评估主要有：第一，居家养老服务需求的评估。所谓养老服务需求评估，就是对有养老照料需求的老年人评估，通过评估确定补贴的金额、需要提供的服务级别。它包括老年人的生活自理能力、家庭照料能力、家庭经济支付能力，老年人的生活自理能力是评估的主要内容。第二，居家老年人养老服务质量的评估。也就是评估是否按照规定提供服务和所提供的服务是否合乎老年人要求。具体可采取发放服务手册、建立监督员、定期走访服务等办法，对居家养老服务的效果、效率进行质量评估。为了做好评估工作，可组建中介性评估机构，使评估人员职业化，借鉴发达国家的经验，发展非政府组织性质的评估组织，逐步使评估人员纳入国家的职业，促进养老服务评估向职业化发展。

7.3.2 社区积极服务

我国是世界上老年人口最多的国家，人口的老龄化使家庭和政府的养老压力越来越大，社会广泛参与养老是必然的趋势。社会广泛参与就是充分发挥社区的力量，组织利用各种养老资源，通过组建各种服务队伍，使多元化居家养老服务有序开展。如果说家庭是老年人主要的生活场所，那么社区就是其晚年生活的第二空间，是多元化养老服务的核心。

1. 充分发挥居委会的作用

《中华人民共和国城市居民委员会组织法》规定“居委会是居民自我管理、自我教育、自我服务的基层群众性自治组织”，它不属于政府机构，是居民在居住区域内自我组织起来，管理自己事务的组织，在居住区内，居民可以充分使用自己当家做主的民主权利，实行自我管理、自我教育、自我服务，参与居住区域内的各项事务的管理和建设。

通常认为，社区居民委员会在居家养老中具有以下功能。第一，组织和管理功能。居民委员会负责组织社区内居民和低龄老年人参与社区为老服务，负责对有关人员严格管理、规范登记、培训等，以保证社区为老服务质量。第二，协调功能。社区居家养老服务相关单位较多，如医药、商店、粮店、煤气公司、家政服务等，居民委员会要注意协调好这些单位的养老服务和社区老年人的需求，及时把老年人的求助反馈给相关单位，为老年人解决生活上的困难。第三，监督功能。居民委员会是群众性自治组织，负责对居家养老、社区卫生、环境、物业管理、治安等的监督功能，以保证社区居民养老服务、居住环境和生活质量。

2. 加强社区基础设施建设

社区要为居家养老提供服务，离不开硬件设施，它们是居家养老服务的物质基础。从整体来看，我国生产力发展水平较低，财政比较紧张，老年社会保障社区设施不健全，分布不均，利用率低，需要全社会共同努力，才能扭转这一局面。第一，加大基础设施建设。为保证养老服务的顺利开展，社区要建设的设施有文体活动室、社区服务站、社区诊所、社区社会保障站、社区学校、社区养老院、老年公寓等。政府有计划性地投资兴建一些示范性老年设施，资金可由福利彩票资金和国家投资兴建，制定对民办养老设施的支持政策。在兴办老年养老设施时，要注意分布合理，高中低比例适当，主要发展中档设施，以适应大部分老年人的支付能力，同时适当建设服务项目多样化的老年公寓，以满足收入较高、身边无子女的老年人入住。第二，合理利用社区现有资源。即打破行业界限，统筹使用现有设施，授予街道以综合配置社区资源的权利，促进社区软件和硬件资源的合理整合。兴建的体育场馆、公园、青少年宫等活动设施免费或低费向60岁以上的老年人开放，在街头、路边安装适于社区居住健身的运动器材，供社区居民健身；机关事业单位建设的文体场所亦应向老年人开放。整合社区内可用于改造成为养老设施的旧厂房、闲置学校、幼儿园等闲置用房。通过社会资源整合，把分散在各单位的设施同社区的设施联系起来，组成统一的社区服务设施体系，以有偿或无偿的方式，使过去为单位所有的资源向社区开放，发挥出最大的效益，它既可以使现有社会资源得到充分利用，也为老年福利设施建设节省资金。

3. 搭建社区居家养老服务平台

社区是老年人晚年生活的第二空间，是居家养老服务的核心之一。要建立社区老年人信息库，由居家养老服务中心负责，对辖区60岁以上的老年人摸底，把老年人信息情况登录在案，根据老年人和具体生活状态、需求，合理分配资源，满足老年人的物质文化需求，形成具备物质养老和精神养老的社会化养老服务体系。

第一，提供生活照料服务。家庭结构的日益小型化（“421”家庭大量出现）对老年人的日常生活照料社会化提出了必然要求，社区所提供的日常生活照料服务主要是支持家庭照料，弥补家庭照料的不足，减轻家庭照料的压力。未来社区老年照料服务主要以居家老年人照料为主，社区养老机构照料为辅，在为居家老年人照料服务方面，以上门照料为主，托老所照料服务为辅。上门照料服务包括家政型服务和护理型服务两大类，具体的服务内容，从日常生活照料和康复护理，逐步向精神慰藉领域拓展，将原有的救济性质的居家养老服务扩展到社区全体老年人低偿、有偿服务。建立为老服务热线，为老年人提供相应的服务，使辖区内所有老年人的求助都能得到有效解决。以居家养老服务中心为依托，开展家电维修、家政服务、护理服务、法律服务等多种服务项目，确保老年人日常生活的便利。

第二，提供社区卫生服务。随着老年人年龄的增大，人体器官功能开始衰退，进入老年以后，人的器官生理功能衰退速度加快，老年人是疾病的高发人群，这决定了老有所医成为老年人的一个重要社会要求，而我国现有的医疗保健还不能满足老年人的需要，所以要发展社区卫生服务，形成一个老年疾病预防、老年医疗、老年康复的三级网络。在老年疾病预防方面，为60岁以上老年人、慢性病患者建立档案，并根据健康状况进行不同层次的管理，提供老年人疾病咨询、老年心理卫生指导。利用社区各种传媒，大力开展老年健康教育，提高老年人自我预防的能力。在老年医疗方面，加强社区的家庭医疗护理，使老年人就近接受医疗服务，设立家庭病床和社区病床，方便老年人就诊，制定社区医护人员巡诊制度，提供上门就医服务。在老年康复方面，建立社区卫生服务中心和医疗机构的转诊制度，当老年人在大的医疗机构得到良好治疗后，在恢复时期，可转入社区卫生服务中心康复，这既有利于合理利用卫生资源，又能帮助老年人节约医疗开支。

第三，开展社区文体活动。随着人民生活水平的提高，老年人开始从满足物质需求向满足精神需求发展，社区要把丰富老年人的精神生活作为居家养老服务的一项重要内容，充分利用社区文化广场、健身点、养老服务站、老年学校等设施，广泛开展各种活动，组建社区老年文艺团体，发挥社区老年学校的作用，经常举办有关健康、法律、环保等方面的知识讲座。对生活不能自理的老年人，可通过服务人员或志愿者的读书、唱歌、聊天等方式，使老年人心情舒畅，减轻疾病带来的痛苦，对低龄老年人为其提供参与社会的舞台，发挥其作用，使其协助居委会工作，这样可缓解老年人的孤独，使其感受到自身价值，活得更有尊严，增强老年人自立、自理、自信，从而实现老有所为。

4. 做好社区居家养老年人力资源建设

人力资源是推动老年福利事业发展的基本因素，是满足老年人多方面服务的关键，包括专业化的服务队伍和志愿者服务队伍，它能保证居家养老更好、更快、更健康地发展。

第一，培养居家养老专业服务人才。所谓专业服务人才，有两层含义：一是职业的专业化，即从事居家养老服务是一项专门的职业，领取报酬，而不是领取补贴；二是知识的专业化，即从事居家养老工作的人员应具有相关的专业知识和技能。为了达到这一目标，必须建立居家养老服务从业人员的资格认证制度。居家养老从业人员具有与律师、会计师、医师相同的职业特点，有利于改变服务人员专业化水平低的局面，定期对在职服务人员进行培训，采取两种方式：一是由大专院校开办社区工作专业培训班，培训内容是社区居家养老服务组织管理、老年心理知识、老年护理知识；二是聘请社区工作方面的专家授课，或是请优秀的社区工作者传授经验，提升服务人员各方面水平，更好地满足老年人的需求。提高社区工作人员的待遇，以及他们的社会地位和职业声望，吸引社会工作专业毕业生从事居家养老服务工作，并向社会公开招聘高素质的社会工作者。

第二，发展、壮大居家养老志愿者队伍。居家养老工作中，志愿者服务是一支不容忽视的力量，如果组织得力，可以为居家养老做出巨大贡献。由于社区专职工作人员少，工作繁杂，很难为老年人提供服务，所以必须在社区建立以社区专职工作者为骨干，社区居民志愿者为主体，社区单位、全社会积极参与的社区志愿者队伍。为此需要建立科学的管理和运行机制，这既是对居家养老志愿服务行为的认可和肯定，又是对社区养老志愿服务资源的拓展和保护。如采取“时间储蓄制度”，鼓励低龄老年人为高龄老年人服务，等到自己需要此类服务时，可以申请同等的服务。设立志愿服务基金，推进志愿服务立法，对志愿服务立法在国际上是通行的做法，立法保障是国际志愿者服务持续发展的一个根本原因，它可以更好地保障志愿者的利益，鼓励有条件的人兴办志愿服务事业，参与志愿服务行动。

7.3.3 非营利组织大力合作

目前，大部分西方国家在社区化居家养老服务的做法是：由政府出资向非营利组织购买服务，由非营利组织提供养老服务。这是一种既节约资源，又能提高效益的措施。从实践的效果看，我国非营利组织要积极参与居家养老并发挥其应有作用，关键在于政府和非营利组织。一方面，政府要为非营利组织参与居家养老创造良好的环境，提供资金，培训人才；另一方面，非营利组织自身也要健全机制，提高服务人员素质，处理好与政府的关系，从而达到有效参与居家养老的目的。

1. 理顺与政府的关系，以合作促进居家养老服务发展

随着我国政府机构改革的深入，政府将从无限政府向有限政府转变，即从管理型政府向服务型政府转变。我国政府行政机构的低效率，一个很重要的原因是其承担了过多的社会职能和经济职能，要扭转这一局面，必须把注意力转向非营利组织，培育社会中介组织，让非政府组织承接从政府分离出来的部分职能，以顺应“小政府，大社会”的改革趋向。具体到居家养老，根据福利多元主义、合作主义、第三方管理的理论，政府提供非营利组织供给居家养老所需要的大部分资金，非营利组织供给具体服务，两者分工合作，满足老年人日益提高的居家养老服务需求，是合作关系而不是隶属关系。当然，非营利组织的发展与政府推动有着直接关系，争取政府支持仍是非营利组织获得快速发展的重要途径。非营利组织在供给居家养老服务中，具有成本低、专业化强的特点。对于政府来说，通过政府购买居家养老服务，还可以解决资源、人手短缺矛盾。政府在居家养老方面，只需提供资金，标准制定、政策咨询和管理监督，检查服务提供者的工作开展状况，受理居家老年人的服务投诉，保证资金使用合理到位。政府与非营利组织的合作是基于双方各自的优势，互为补充，从而可以更利于居家养老服务的发展，更好地为老年人提供周到细致的服务。

2. 加强政府对非营利组织参与居家养老的支持力度

非营利组织在参与居家养老服务中具有独特的优势与作用，但无论是在资金，还是在专业人才上都离不开政府的大力支持。就政府而言，应运用经济手段和行政手段，为非营利组织的发展创造良好环境，通过给予政策性支持，以及从国家财政税收、人力资源建设方面，支持非营利组织的发展。

第一，制定政策法规。国家对非营利组织的态度是决定非营利组织能否快速发展的重要前提，加强非营利组织建设，必须以政策、法规建设为先导，加快立法进度，以法律形式明确非营利组织的社会地位、社会功能及所承担的社会责任，界定社会中非营利组织与政府的关系，明确二者的平等地位与合作关系，加快非营利组织自治化进程。具体在居家养老服务中，政府应根据非营利组织的实际情况，制定政策，大力培育和发展非营利养老服务组织，加快政策法规的制定步伐，构建一个以国家法律法规为基础，以地方性法规为核心，以政府规章为配套，以规范性文件为补充的政策法规体系，依法管理，为非营利组织参与居家养老创造良好的法制环境，依法促进其发展。

第二，实施优惠政策。居家养老服务的主体是老年人，承担的大都是微利项目，如果没有政府的优惠政策和激励措施，非营利组织就会失去动力，即使已承担养老服务的非营利组织也会因成本高、利润低而运行不力，甚至会退出，势必会影响到非营利组织提供服务的质量和数量。所以，政府需要对承担居家养老服务的非营利组织制定鼓励和扶持政策，对养老服务人员的福利待遇及税收等方面适当倾斜，增强行业的导向性。如可以对非营利

组织免征所得税、营业税、增值税，对非营利组织捐赠的单位和个人给予所得税优惠或免交所得税。

第三，资金支持。资金是非营利组织的生命线，非营利组织生存和发展有赖于充足的资金，但资金缺乏是参与居家养老的非营利组织的较大障碍。要发展非营利组织，为居家养老老年人服务，必须克服发展过程中的资金瓶颈。政府对非营利组织的资金支持包括：一是政府财政拨款、直接投资；二是政府购买居家养老服务；三是政府通过无偿或低价的土地划拨，加大对居家养老服务的投入力度，将空置的厂房、宿舍、幼儿园、老年活动中心等设施，向非营利组织免费或低价出租，既盘活了国有资产，也有利于解决非营利组织的经费和活动场所问题。

3. 推进非营利组织自身建设，提高非营利组织参与居家养老的能力

提高非营利组织参与居家养老的能力，除政府大力支持，也要加强自身的能力建设。非营利组织在发展过程中，会遇到很多困难，必须从自身寻找原因，找出路，不断加强自身管理，提高筹资能力，多方吸引人才，不断开拓政策参与渠道和提高服务质量。

第一，增强非营利组织的筹资能力。充足的资金是确保非营利组织生存和发展的前提条件和保证，非营利组织必须转变对政府“等、靠、要”的依赖思想，加强自身的营销理念，开展相关的营销活动，学会宣传自己，提高社会公信度，建立多渠道的资金资源。一是接受政府财政拨款，获取政府服务资金的支持；二是整合各种社会资源，通过捐赠等方式培育和发掘更多社会慈善资源支持，鼓励个人和企业向非营利组织提供资金；三是非营利组织提供服务所获取的收入；四是积极寻找境外援助。养老是一个全球问题，国外有许多非营利组织从事助老服务，我们可以采取各种方式和这些组织进行联系，争取获得这类非营利组织的资助机会，取得资金的支持。

第二，建立专业化的人才队伍。非营利组织的高质量、低价格的居家养老服务需要大量的专业人才。当前，我国非营利组织的从业人员鱼龙混杂，大多不具备专业知识和专业技能，影响了非营利组织在养老保障领域内的发展，为此非营利组织自身必须建立良好的人才支持体系。一是完整的人事制度。非营利组织要完善自身招聘、培训、考核、奖惩等程序，对本组织的人才进行合理选拔，对专职工作人员切实解决其在户口、档案管理、职称、社会保障等方面的问题，千方百计留住人才。二是建立民主的管理制度。调动非营利组织工作人员的积极性，注意创设灵活的管理机制，形成民主的服务团队，调动组织成员的积极性，提高非营利组织的整体效率。三是加强对员工的培训。非营利组织要注意通过在职教育培训等方式提高员工基本技能知识和专业化能力，专业工作人员必须参加政府举办的相关资格考试，持证上岗。

第三，加强制度建设。非营利组织要建立健全以组织章程为核心的各项制度，章程是非营利组织的行动指南、准则，它规定了理事会、会员大会等多种制度，必须遵守。同时要制定有关的行规行约，包括从业人员的行为准则和职业道德规范等。还要制定长远规划，非营利组织如果没有长远整体规划，只注重当前，活动内容没有延续性，走一步算一步，

就不会投入精力去做那些不能即时产生效益和发挥作用的活动，绝大多数非营利组织会因为没有明确的发展目标而止步不前，从而影响非营利组织的稳定、长期发展。

第四，不断创新。创新是一个国家的灵魂，是中华民族兴旺发达的不竭动力。同样，创新也是民间组织的生存之本和可持续发展的重要手段。我国非营利组织参与居家养老服务时间不长，需要在自身建设、资金聚集、开展服务活动等许多方面向发达国家的非营利组织学习，注重培养创新能力，学会科学配置养老资源，推出精品服务项目，发挥自身独特优势，积极探索居家养老服务的新形式、新手段、新途径，扩大居家养老服务范围，更好地为老年人服务，让居家养老服务尽快走向成熟。

4. 完善监督体系，促进非营利组织健康发展

对非营利组织监督的依据是非营利组织的公共责任，非营利组织由于接受了社会捐赠和享受税收优惠政策，其实际上获得了公益资产，所以非营利组织也有一定的公共责任，应向社会有所交代。为了保证非营利组织把有限的资源用于自己的使命，建立健全有效的监督机制必不可少。从世界各国的经验来看，对非营利组织的社会监督机制有下列两个方面。

（1）健全监督机制，包括监督主体、监督内容、监督手段。

第一，监督主体。政府监督：健全政府监督机制，政府通过制定相关政策和法规，对非营利组织进行系统约束，监督非营利组织是否合法，是否符合参与居家养老的相关规定，是否存在不公平、不正当竞争。社会监督：主要是捐赠者及其成员的监督，捐赠者可以要求接受捐赠的非营利组织对所使用的资金进行详细的说明，定期公开报表，做到操作透明化。也可以进行独立的第三方审计和鉴定，独立的第三方是指不直接从事向公众提供专业业务服务的非营利组织，其制定标准，对其他非营利组织的项目和工作进行评审。媒体监督：充分发挥网络和大众传媒的监督作用，这在发达国家尤其明显，非营利组织和其他组织一样，非常注重自己的声誉。网络时代的到来使人们可以掌握更多信息，可以通过网络对某一事件进行探讨，造成舆论压力。许多非营利组织的问题都是被新闻媒体披露出来的。同时，许多非营利组织也试图通过网络和传媒宣传自己，发表对某一政策的看法。行业监督：行业监督是指同类的非营利组织通过自发组织起来的联合会、全国性协会或行业社团等，对同类会员单位进行监督和管理。行业监督的优势是依靠非营利组织自身的力量对非营利组织的行为进行监督，节约了监督成本，弥补了政府与第三方监管的不足。

第二，监督内容。财政监督：确保非营利组织的非营利性，监督财务收入是否全部用于公益事业。业务监督：确保非营利组织在自己的宗旨范围内运行，检查其是否有违法、违规行为。内部监督：确保非营利组织的内部运作依据民主的程序进行。

第三，监督手段。非营利组织会务、财务的公开性；专业评估机构和管理机构的审查、统计和按评估程序进行评估；建立制度化渠道，收集公众、媒体对非营利组织的评价、举报信息，进行社会期望值和公信度调查，定期发布。

（2）健全评估机制。随着居家养老工作的开展，居家养老的服务领域将不断拓展，服

务内容更加精细和专业化，需要建立健全科学合理的评估机制。第一，诚信评估。非营利组织的资金主要来自政府补助和社会、个人捐赠。非营利组织要取信于民，争取更多的捐助，必须诚实守信。有的非营利组织社会事务不公开，无法衡量社会效益；有的服务不到位，自身缺乏监督约束机制；有的内部管理不公开，财务不审计，不做财务报告，透明度不够。这样就需要对非营利组织的诚信进行评估，为捐款者提供捐款信息指南，增强非营利组织的责任感。第二，质量评估。良好的服务是居家养老保障开展的前提，只有好的服务才能吸引大量老年人加入居家养老大军中来。服务能力要素决定了非营利组织开展活动的方向和质量，从目前参与居家养老的非营利组织的实际看，服务能力弱是事实，必须大力加强服务能力。具体可向服务人员发放服务手册、建立服务监督员制度、定期走访服务对象等办法，对居家养老服务的效果、效率进行质量评估。第三，使命与战略评估。有的非营利组织能力较强，可是使命不明确，或在项目的服务中偏离了组织的使命和发展方向，结果是组织开展的活动或项目违背了组织成立的初衷，这样的非营利组织能力再强，也无法完成组织的社会使命。这项评估主要包括以下三点：需求评估，是对非营利组织是否遵循使命和如何满足受益群体的需求的评估；创新性评估，是对非营利组织解决社会问题的新方法的评估，是活性评估，是对非营利组织是否迅速、及时、灵活提供了服务，是否提供了政府不便于做的服务等问题进行的评估。第四，组织能力评估。它通常包括共同的价值观、组织机构、管理技能、领导艺术、信息管理系统、管理技能等多个方面。总之，非营利组织的评估框架应是多元、全方位的，只有如此，才能保证非营利组织健康、全面发展。

5. 创设非营利组织参与居家养老的社会环境

非营利组织通过开展业务培训、信息调研、考察咨询等多种活动激发自身活力，提高社会影响力，创设非营利组织参与居家养老的良好社会环境是非营利组织健康发展的重要推动力。

第一，培育对非营利组织服务的认同感。非营利组织要在居家养老服务中发挥作用，需要政府制定相关的政策法规，确认和提高其地位，改变人们的传统观念，使人们对非营利组织有较大的认同感，尤其是让老年人认同，从而获得广阔的生存和发展空间。各级政府对居家养老要高度重视，新闻媒体也要高度关注，借助社区内的各种阵地，采取不同的宣传方式和手段，加大服务的宣传力度，如社区内的板报、橱窗、宣传栏等，扩大宣传面，也可以通过发行量大、影响力强的报纸报告非营利组织参与居家养老事例，形成有利于居家养老服务的大气候，使人们对居家养老有一个全面、正确的了解。

第二，开展志愿活动。从国际经验分析，志愿服务是非营利组织开展活动的价值和道德基础。我们必须从志愿精神的实质出发，推进志愿活动的开展，为居家养老服务提供组织来源和人才保障，要给予志愿者一定的社会认可、物质与精神鼓励，增强志愿者参与家庭养老服务的高效性和持续性。具体来说，在社区内，除有居民居住，还有企事业单位、团体、部队等机构驻扎其中，它们都是为居家养老服务所利用的资源，要充分调动这些资源的积极性，倡导其为居家养老志愿服务。还要吸收广大青年志愿者和社区志愿者积极参与居家养老服务活动，它们是我国目前最为活跃、规模最大、影响力最大的两支志愿者队伍，要加强志愿者之间的联谊和交流，以更好地为居家养老提供服务。

7.3.4　家庭履行义务

家庭是社会的基本细胞，只有家庭稳定、和睦、其乐融融，社会安定才有基础，尊老敬老是中华民族的传统美德，家庭养老是我国几千年来的传统职能，家庭养老为老年人所提供的经济支持、日常照料、精神慰藉于一体的综合养老功能是其他任何一种养老方式无法取代的，其仍然是大部分老年人首选的养老方式。当然，我们也必须看到，在现代化发展过程中，由于家庭结构小型化，家庭的养老功能受到了巨大冲击，不断被弱化，但是家庭养老不会被取代，只是强化了其他养老主体参与养老的必要性，或者为家庭养老提供社会化助老动力，即居家养老，但它本质上仍是家庭养老，所以，在我国生产力发展水平不高、国家未富先老、庞大的老龄人口国情下，没有社会伸出助老之手，没有家庭对老年人关心，居家养老将行之不果，所以家庭在发展居家养老过程中发挥重大作用，更应该发掘家庭的养老潜力，巩固家庭的基础地位。

1. 家庭养老规范化、法制化

即健全法规。我国经济社会正处于从计划经济向市场经济转轨后期，市场经济的诸多观念已经渗透人们生活的各个方面。以往的家庭养老是由家庭情感和道德约束的，当它面临现代社会的各种观念冲击时，人的道德观念容易发生混乱，一个稳定有序的社会容易形成普遍的精神信仰，而社会转型期，人们的原有观念遭到破坏，人们正常信用和行为选择受到冲击，而作为家庭养老的传统孝道也不例外。在这一社会转型过程中，如果不对缺德、无德、无序行为进行及时有力的制裁，就会加大道德自律不强者的逃避心理，变本加厉地置道德于不顾，偏离正确的价值走向，使无序之人的行为更加无度，形成恶性循环，而且会极大破坏社会风气，给转型期社会的养老风尚带来冲击和误导。当有的人不能正确选择价值方向，不能控制自己的道德行为时，法制的规范和强制就成为必需。所以要想充分发挥社会转型期家庭养老的作用，必须对其立法，明确养老的法律责任和义务，使家庭的养老职能逐步走上规范化、法制化的轨道，保障家庭养老的健康发展。

家庭养老的法制建设主要从两方面着手。第一，加强法规建设。目前，我们的宪法、民法、婚姻法等都规定了子女赡养老年人是一项义务，专门保护老年人合法权益的有《中华人民共和国老年人权益保障法》，还没有一部专为老年人设置的赡养父母方面的法律，而且这些法律多是原则性的法规条文，可操作性不强，规定处罚不具体，不利于具体执行。对此，我们应将法律条文具体量化，借鉴新加坡的做法。新加坡在1994年8月出台《赡养父母法》，将赡养父母列为每个公民都必须遵守的法规，凡是拒绝赡养父母或资助年迈双亲和处于贫困状态双亲的人，处以一万新元罚款或判刑一年；1996年8月，新加坡又根据该法，设立仲裁庭，仲裁程序先行调解，调解不成，再由仲裁庭裁决。第二，加大养老法律的宣传力度。一部分人，尤其是我国农村人口文化水平低，法律意识淡薄，要加大子女赡养父母的法律宣传，提高人们的法律意识，通过把家庭养老纳入乡规民俗、签订赡养老年人协议书，使没有尽到赡养义务的子女集中学习相应法律、法规的做法，提高人们的养老认识，使家庭养老实现规范化、制度化。

2. 物质鼓励

即采取措施对赡养父母的人予以奖励。在社会生活中，惩恶扬善、赏罚分明作为一种道德规范，它直接表现为个人利益的得失，对个人具有非常大的调控作用。因为每个人都有功利性，这决定了人的行为趋利避害的基本取向，正是功利心的存在，物质鼓励成为可能。在家庭养老的实施中，适当的物质鼓励有利于家庭养老的引导，若社会通过给予赡养老年人更多的利益来肯定其行为的正确性，以倡导赡养父母的价值取向和道德规范，会对赡养之人产生较大的吸引力，使其对老年人的赡养内化为自觉的行为，必然会促进家庭养老的发展，鼓励人们赡养老年人。正因为如此，许多国家采取了物质上支持家庭养老的政策。韩国政府规定：对赡养 60 岁以上的老年人的直系亲属者，或在亲属中，有和 65 岁以上老年人共同生活者都可享受每年免除 48 万韩元的所得税的优惠；父母和子女有各自的住房，过去没有生活在一起，现在住在一起生活者，可免除其一方住房出租或出售的所得税；本人或其配偶与直系亲属的老年人共同生活 2 年以上者，可优先获得政府贷款，用来新建或购置、改造住宅。韩国原来规定最优先提供住房的对象是到海外就业的人员，第二位是 10 年以上的无事故司机，第三位是做了绝育手术的人，从 1992 年开始，改为以赡养老年父母的人为第一位，其他顺延。同时从 1995 年 7 月开始，韩国政府对公务员实行“行孝休假日”，韩国法务部还颁布了民法中家族继承法修正案，规定侍奉父母的子女应比其他子女多继承 50% 的财产，激励机制的建立有着比舆论上的提倡更为立竿见影的社会效果，也能从实际上分担家庭养老的重负，而且从经济成本看，也将远远低于兴建社会养老机构的巨额投资。

新加坡建屋局对与老年人同住的组屋，为申请者提供便利和优惠。在分配政府组屋时，对三代同堂的家庭给予价格上的优惠和优先安排，同时规定单身男女青年不可租赁或购买组屋，但如与父母或四五十岁以上的老年人同住，可优先照顾；对父母遗留下来的那一间房屋可以享受遗产税的减免优待条件是必须有一个子女同丧偶的父亲或母亲一起居住；如果纳税人和父母或患有残疾的兄妹一起居住，该纳税人可享有“父母及残疾兄弟税务扣除”的优待。

借鉴国外的养老经验，我国应实行对赡养父母的子女鼓励的政策，具体有：子女购买与父母同住的住房，享有价格上的优惠或由政府给予部分补贴，或在贷款时给予一定优惠；承担养老责任的子女应有遗产继承的优先权，或多继承财产；真正承担养老责任的邻居、朋友等也应该享有财产继承权；与父母同住者，适当提高个人所得的津贴，以减轻其家庭负担，提高其赡养老年人的能力和积极性；设立专项基金或政策，鼓励社会力量和单位、个人参与对孤寡老年人、独居老年人、残疾老年人的照料，凡参与者享受增加工资、增加假期天数等优惠；定期评选、表彰和奖励赡养老年人成绩显著人员，给他戴大红花，设立敬老奖；根据需要，建造适合多代居住的住房；等等。物质上的奖励能为赡养老年人的家庭解决一些实际问题，使子女的孝心落到实处。

3. 养老教育

即通过多种方式，进行养老、敬老教育。三字经中有“人之初，性本善”“苟不教，性乃迁”的说法，意思是人的本性是善良的，但从小不好好教育，善良的本性就会变坏。由此可见，教育在人们的道德建设方面具有重要作用，养老、敬老是中华民族的传统美德，为了很好地发扬下去，必须广泛开展敬老、养老、助老的道德教育。

第一，加强家庭敬老教育。家庭教育是基础，是进行道德教育的最早场所。婴幼儿置身于特定的家庭氛围中，这种氛围会在幼儿的心中留下最初的印象，对他的人生发展产生重要的影响。家庭是家庭成员的生活共同体，家庭成员长期生活在一起，彼此互相影响。所以，加强家庭敬老教育的途径：一是父母以身示范。父母要教育好子女，必须首先做出榜样，在日常生活中，通过家长言传身教，传达敬老爱老的价值观念和行为方式，使孩子在潜意识中，确立只有敬老才是正确的价值观念；二是生活中加强爱老教育。家长要求孩子主动关心家里的老年人，培育孩子对父母、老年人的孝敬，当孩子在孝敬老年人和做出爱戴老年人的行为时，要给予表扬和激励，形成良好的家庭敬老传统。

第二，加强学校敬老教育。学校教育是根本，学校是专门的教育场所，培养学生良好的思想品德是学校教育应有内容，加强学校的家庭爱老教育需做好以下几方面：一是丰富家庭养老教育的途径和方法，应将课堂养老教育和非课堂养老教育结合起来，还要向其他学科渗透。二是注重层次性和针对性养老内容设置。高水平道德的养成是一个渐进的过程，在同等条件下，个体的可塑性和成长性也是不一样的，呈现出道德修养的质量差异，我们在进行道德教育时要具有针对性、层次性，做到及时、有效、合理。

第三，加强社会爱老教育。社会教育是家庭、学校教育的扩展，是指在学校教育系统之外，对社会成员进行文化价值和行为影响教育。大力宣传爱老思想是社会教育的重要内容，各级政府应对爱老、敬老的单位、家庭、个人给予表扬和奖励，特别是通过报刊传媒对为老服务的先进事迹进行宣传，从而有利于整个社会树立尊老、敬老的风尚。可在全社会推广“三个一”亲情关怀活动，每天一次问候电话，每周一次上门探望，每月一次家庭聚会。同时，养老敬老还应落实到社会每位成员的日常生活中，提倡社会成员为老年人提供志愿服务，这是我国爱老传统在现代社会的新发展。另外，对那些遗弃或不赡养老年人的子女进行舆论的谴责，对触犯刑律的依法追究刑事责任。

4. 家庭养老网

建立配偶、子女、邻居、朋友、保姆综合一体的家庭养老网，为老年人提供养老服务。以赡养、照顾老年人为目标，联合家庭成员和家庭外的亲朋好友、保姆，构成家庭养老网络。按照差序格局理论，人际关系越近的，养老的责任越大。血缘关系、地缘关系、社会关系构成了一个同心圆，标示出了人际关系由近而远，配偶、子女支持的血缘关系构成了圆心和情感关系的基石，邻居支持的地缘关系是家庭养老的扩展，朋友支持的社会关系是家庭养老的进一步延伸。在家庭养老网络中，配偶承担了主要的生活照料责任，而且配偶的照料还包含心理和精神慰藉成分；儿女负责提供经济保障、生活照料、精神慰藉的一体化照料；邻居朋友提供具有安全感的、灵活的、反应迅速的突发事件支持，以及与老年人沟通交流；保姆的作用体现在，当家庭照顾资源缺乏，子女无力抽身，负责为老年人提供日常照料和家务劳动两方面。他们各自的地位、作用不同，配偶、子女的家庭支持占主要地位，朋友、邻居只起辅助作用，但在突发事件面前却是非常关键的；保姆起到应急的作用，但是综合在一起的家庭养老网，其功能却是全方位的。我们鼓励家庭养老，政府要出台措施鼓励家庭养老网，让老年人愉快地度过晚年。

参考文献

[1] 陈功 . 我国养老方式研究 [M]. 北京：北京大学出版社，2003.

[2] 姚远 . 非正式支持的理论与实践——北京市老龄问题应对方式再研究 [M]. 北京：知识产权出版社，2005.

[3] 姚远 . 中国家庭养老研究 [M]. 北京：中国人口出版社，2001.

[4] 阎坤 . 中国养老保障制度研究 [M]. 北京：中国社会科学出版社，2000.

[5] 邬沧萍 . 社会老年学 [M]. 北京：中国人民大学出版社，1999.

[6] 宋金文 . 日本农村社会保障 [M]. 北京：中国社会科学出版社，2007.

[7] 范斌 . 福利社会学 [M]. 北京：中国社会科学出版社，2006.

[8] 韩鹏 . 老年人口的收入分配效应研究 [M]. 北京：经济科学出版社，2008.

[9] 特斯特 . 老年人社区照顾的跨国比较 [M]. 周向红，译 . 北京：中国社会出版社，2004.

[10] 刘苓玲 . 老年社会保障 [M]. 北京：首都经济贸易大学出版社，2009.

[11] 仝利民 . 老年社会工作 [M]. 上海：华东理工大学出版社，2006.

[12] 彭高建 . 中国养老保险责任问题研究 [M]. 北京：北京大学出版社，2005.

[13] 和春雷 . 社会保障制度的国际比较 [M]. 北京：法律出版社，2001.

[14] 边恕 . 中国公共养老金隐性债务研究 [M]. 北京：经济科学出版社，2008.

[15] 刘苓玲 . 中国社会保障制度城乡衔接理论与政策研究 [M]. 北京：经济科学出版社，2008.

[16] 郝书辰，董西明 . 新时期农村社会保障制度研究 [M]. 北京：经济科学出版社，2008.

[17] 陈立行，柳中权 . 向社会福祉跨越 [M]. 北京：社会科学文献出版社，2007.

[18] 彭希哲，梁鸿 . 城市老年服务体系研究 [M]. 上海：上海人民出版社，2006.

[19] 张良礼 . 应对人口老龄化——社会化养老服务体系构建及规划 [M]. 北京：社会科学文献出版社，2006.

[20] 杨团 . 社区公共服务分析 [M]. 北京：华夏出版社，2002.

[21] 郑功成 . 社会保障学・理念、制度、实践与思考 [M]. 北京：商务印书馆，2000.

[22] 白益华，吴忠泽 . 中国社会福利 [M]. 北京：中国社会出版社，1996.

[23] 文军，王世军 . 非营利组织与中国社会发展 [M]. 贵阳：贵州人民出版社，2004.

[24] 孙光明，董克用 . 社会保障概论 [M]. 北京：中国人民大学出版社，2004.

[25] 韦克难 . 社区管理 [M]. 成都：四川人民出版社，2003.

[26] 徐永祥 . 社区发展论 [M]. 上海：华东理工大学出版社，2003.

[27] 刘学操 . 中国社会保障制度 [M]. 北京：中国金融出版社，2006.

[28] 李若青，赵云合，何灵 . 城乡社会保障理论与实践 [M]. 昆明：云南大学出版社，2021.

[29] 裴育，史梦昱，徐炜锋 . 地方公共养老保障体系发展研究 [M]. 南京：南京大学出版社，2021.

[30] 马岚 . 公益性和产业化相结合的养老服务模式研究 [M]. 南京：南京大学出版社，2021.

[31] 王高玲，申俊龙，钱学技 . 健康管理模式与路径的新思维 [M]. 南京：南京大学出版社，2021.

[32] 杨伟国，韩克庆 . 中国人力资源和社会保障发展研究 [M]. 北京：中国人民大学出版社，2020.

[33] 张邦辉，刘晓民，郭英慧，等 . 社会保障 [M]. 重庆：重庆大学出版社，2020.

[34] 王林森 . 城镇居家养老服务供给能力研究 [M]. 南京：南京大学出版社，2019.

[35] 李现文，许勤，管园园 . 介入与改变 [M]. 南京：南京东南大学出版社，2019.

[36] 中国老龄协会 . 新时代积极应对人口老龄化高端研讨会论文集 [C]. 北京：华龄出版社，2019.

[37] 杨波 . 智慧居家养老服务质量评价研究 [M]. 北京：新华出版社，2019.

[38] 石晨曦 . 中国基本养老保险财政负担的精算评估及案例分析 [M]. 重庆：重庆大学出版社，2019.

[39] 孙红玉 . 中国城镇公办养老机构公私合作制研究 [M]. 武汉：武汉大学出版社，2018.

[40] 陈跃民，张冬杰 . 多层面解读老龄困局 [M]. 北京：华龄出版社，2018.

[41]《大城养老》编委会 . 大城养老 [M]. 上海：上海人民出版社，2017.

[42] 江苏民康老年服务中心 . 养老机构服务与管理实务 [M]. 南京：南京东南大学出版社，2017.

[43] 王琼，王敏 . 我国养老服务综合配套改革实践与创新 [M]. 成都：西南交通大学出版社，2017.

[44] 中共重庆市委组织部 . 互联网 + 公共服务创新 [M]. 重庆：重庆大学出版社，2017.

[45] 王莉丽 . 老龄化背景下中国城市公共体育服务供给的反思与优化 [M]. 北京：北京体育大学出版社 : 中国体育博士文丛，2016.

[46] 陈志峰，刘俊秋，王臣昊，等 . 智慧养老探索与实践 [M]. 北京：人民邮电出版社，2016.

[47] 杨健，张金峰 . 转型期中国社会保障体系发展建设研究 [M]. 北京：世界图书出版公司，2015.

[48] 汤艳文 . 养老服务的社会组织与管理 [M]. 桂林：广西师范大学出版社，2014.

[49] 李超 . 中国老龄产业发展研究 [M]. 北京：中国人民大学出版社，2014.

[50] 姜向群，杜鹏 . 中国人口老龄化和老龄事业发展报告 [M]. 北京：中国人民大学出版社，2013.

[51] 王德文，谢良地 . 社区老年人口养老照护现状与发展对策 [M]. 厦门：厦门大学出版社，2013.

[52] 彭艳芳 . 国内城市居家养老的研究综述 [J]. 社会工作（下半月），2010(6)：11-13.

[53] 张春艳 . 居家养老研究综述 [J]. 武汉科技大学学报，2007(1)：61-64.

[54] 唐咏 . 居家养老的国内外研究回顾 [J]. 社会工作（下半月），2007(2)：12-14.

[55] 欧莹莹 . 城市社区养老问题研究综述 [J]. 云南行政学院学报，2008(1)：122-125.

[56] 朱峥嵘 . 老有所养、老有所保、老有所为——和谐社会养老体系的构建 [J]. 安庆师范学院学报，2009(4)：31-34.

[57] 廖国民，潘剑锋 . 和谐社会建设与中国农村养老 [J]. 宁夏社会科学，2009(1)：72-76.

[58] 吴阳 . 构建和谐社会养老体系应注意的几个问题 [J]. 上海经济研究，2007(11).

[59] 沈洁 . 从日本养老需求变化看老年人福利政策选择的走向 [J]. 华中科技大学学报(社会科学版)，2003(2)：90-94.

[60] 刘晶 . 城市社区生活不能自理老年人居家养老生活质量评估指标体系探索 [J]. 人口学刊，2005(1)：22-27.

[61] 童欣 . 日本家庭经济制度变迁与养老方式选择的思考 [J]. 现代日本经济，2005(1)：53-56.

[62] 赵丽宏 . 中国与西方养老现状之比较及其启示 [J]. 学术交流，2005(12)：168-170.

[63] 顾大男，柳玉芝 . 中国机构养老老年人与居家养老老年人健康状况和死亡风险比较研究 [J]. 人口研究，2006(5)：49-56.

[64] 王静，范绮萍，李雪霜 . 中国养老模式发展与探索 [J]. 现代护理，2005(18)：1492-1493.

[65] 蒋岳样，斯雯 . 老年人对社会照顾方式偏好的影响因素分析——以浙江省为例 [J]. 人口与经济，2006(3)：8-12.

[66] 郑建娟 . 中国社区养老的现状和发展思路 [J]. 商业研究，2005(12)：159-161.

[67] 于成先 . 依托社区加强养老体系建设 [J]. 工会论坛，2005(4)：76.

[68] 何荣 . 居家养老是我区城镇化养老的最佳模式选择 [J]. 新疆社科论坛，2005(6)：63-67.

[69] 袁浩斌，杨英华，吕探云，等 . 城市社区老年人养老方式的现状调查 [J]. 上海护理，2001(2)：1-3.

[70] 赵立新 . 论社区建设与居家养老式社区养老 [J]. 人口学刊，2004(3)：35-39.

[71] 姜夏烨 . 家庭养老服务网 VS 机构养老——一种选择机制上的融合 [J]. 西北人口，2006(4)：38-41.

[72] 施玲 . 中国城乡老龄特点、养老模式与养老保障研究 [J]. 上海农村经济，2006(6)：24-27.

[73] 张昆玲，张红娟 . 探讨养老模式构建和谐社会 [J]. 科学之友，2006(5)：70-71.

[74] 费孝通 . 当前城市社区建设的一些思考 [J]. 社区，2005(13)：23-24.

[75] 杨善华，贺常梅 . 责任伦理与城市居民的家庭养老——以“北京市老年人需求调查”为例 [J]. 北京大学学报（哲学社会科学版），2004(10)：14-18.

[76] 周洪宇 . 发达国家的社区建设及其启示 [J]. 华中师范大学学报 (人文社科版)，2003(1)：20-26.

[77] 施学莲 . 社区服务养老模式探讨 [J]. 广西社会科学，2004(1)：158-159.

[78] 晏凤鸣 . 南京的社区建设与非营利组织发展 [J]. 南京人口管理学院学报，2005(3)：41-44.

[79] 鞠正江 . 关于现代城市社区建设的几点思考 [J]. 城市管理，2005(5)：38-40.

[80] 董明伟 . 社区非政府组织建设与社区意识的培育 [J]. 安庆师范学院学报 (社会科学版)，2004(1)：18-20.

[81] 纪春艳 . 居家智慧养老的实践困境与优化路径 [J]. 东岳论丛，2022(7)：182-190.

[82] 吕宣如，章晓懿 . 多重逻辑视角下政府购买居家养老服务政策扩散研究——基于中国省份数据的事件史分析 [J]. 东北大学学报 (社会科学版)，2022(4)：54-63.

[83] 史晓丹，陈友华 . 经济效率视角下的“十五分钟养老服务圈”分析 [J]. 东南学术，2022(4)：178-187.

[84] 曲绍旭 . 公平与效率：城市居家养老服务政策的考量与进路 [J]. 上海交通大学学报 (哲学社会科学版)，2022(3)：64-74.

[85] 吕宣如，章晓懿 . 社区居家养老服务对老年人健康水平的影响 [J]. 中国人口科学，2022(3)：111-125.

[86] 李文祥，韦兵 . 社会组织参与社区居家养老服务的嵌入模式及其优化——基于 G 市的比较研究 [J]. 社会科学战线，2022(6)：225-231.

[87] 纪竞垚 . 居家养老服务的政策效应：基于对老年人生活质量影响的分析 [J]. 人口与发展，2022(3)：90-98.

[88] 罗艳，童玉林 . 服务悬浮：主体行动逻辑下的居家养老服务信息化实践困境 [J]. 郑州大学学报 (哲学社会科学版)，2022(3)：25-30.

[89] 王永梅，孙月 . 中国居家养老服务惠及群体与发展趋势研究——来自三期 CLASS 数据的微观实证 [J]. 中共福建省委党校 (福建行政学院) 学报，2021(6)：110-119.

[90] 崔月琴，朱先平 . 关系嵌入性视角下社区居家养老服务差异化研究——基于 C 市三种类型服务机构的调查分析 [J]. 吉林大学社会科学学报，2022(1).

[91] 张邦辉，吴健，寇桂涛 . 社区居家养老服务的赋能方式与赋能路径组合 [J]. 改革，2021(12)：127-139.

[92] 余晓艳，杨梦娇，王锦宁 . 基于日本“二世带住宅”模式的中国多代居养老套型研究 [J]. 西安建筑科技大学学报 (自然科学版)，2022(1)：127-133.

[93] 梁青青 . 发达国家居家养老服务经验及对中国的借鉴 [J]. 重庆理工大学学报 (社会科学)，2021(11)：135-140.

[94] 崔树义，杜婷婷 . 居家、社区、机构养老一体化发展研究 [J]. 东岳论丛，2021(11)：36-44.

[95] 黄石松，孙书彦 . 中国社区居家养老的发展历程、现实困境与路径优化 [J]. 中国国情国力，2021(10)：9-13.

[96] 韩烨 . 回溯与展望：中国特色养老服务体系建设研究变迁 (1994—2020)[J]. 兰州学刊，2021(10)：133-145.

[97] 姚兴安，朱萌君 . 城市老年人社区居家养老服务满意度及影响因素研究 [J]. 中国卫生事业管理，2021(7)：496-498.

[98] 杨清红，高艳 . 供给侧结构性改革视角下居家养老服务需求、供给与衔接 [J]. 商业经济研究，2021(10)：173-177.

[99] 王晓峰，郭东阳，孙传勇 . 中国社区居家养老的困境及破解——基于社区边界区分的视角 [J]. 吉林大学社会科学学报，2021(3)：108-115,235-236.

[100] 吴莉 . 合肥市城市社区老年人居家养老服务需求及影响因素分析 [J]. 蚌埠医学院学报，2021(4)：533-536.

[101] 马香媛，刘子含，黄鹤 . 合作配置活动理论视角下的居家养老模式探析——杭州养老社区的调查 [J]. 浙江社会科学，2021(4)：81-88.

[102] 孙兆阳，戈艳霞，张博 . 居家养老服务供给对老年人养老满意度影响研究——基于 8 省市调查数据的分析 [J]. 中共中央党校 (国家行政学院) 学报，2021(1)：111-118.

[103] 屈贞 . 高质量结合：城市社区医养结合的方向 [J]. 卫生经济研究，2022(1)：27-30.

[104] 龚志文，李丹 . 从模式到服务：城市社区养老认知的重构——超越养老模式，从养老服务的角度深化养老服务体系 [J]. 河南社会科学，2020(11)：115-124.

[105] 杨晓冬，李慧莉，张家玉．供需匹配视角下城市社区居家养老模式的实施对策 [J]. 城市问题，2020(9)：43-50.

[106] 曲绍旭．城市居家养老服务政社关系类型的转换效应及对策研究 [J]. 华中科技大学学报（社会科学版），2020(5)：114-123.

[107] 陈娜，邓敏，王长青．中国失能老年人居家养老服务供给主体研究 [J]. 医学与社会，2020(7)：46-49.

[108] 曲绍旭，郑英龙．服务资源整合视角下城市居家养老服务供需平衡路径的优化 [J]. 河海大学学报（哲学社会科学版），2020(1)：74-81.

[109] 雷雨若，王娟．地方政府购买居家养老服务中的监管失灵及其矫正——基于南京、宁波、广州、合肥和深圳的分析 [J]. 济南大学学报（社会科学版），2020(1)：145-156.

[110] 曲绍旭．府际关系视角下城市居家养老服务资源配置的类型分析及转化策略 [J]. 内蒙古社会科学（汉文版），2019(5)：170-177.

[111] 陆杰华，周婧仪．基于需求侧视角的城市社区居家养老服务满意度及其对策思考 [J]. 河北学刊，2019(4)：166-171.

[112] 穆光宗，朱泓霏．中国式养老：城市社区居家养老研究 [J]. 浙江工商大学学报，2019(4)：171-172.

[113] 桂世勋．独居老年人广义居家养老保障状况及其精准关爱——基于中国大城市城区 70 岁及以上独居老年人的问卷调查 [J]. 华东师范大学学报（哲学社会科学版），2019(3)：141-151.

[114] 周红云，陈晓华，董叶．社区居家养老服务对城市老年人健康的影响 [J]. 统计与决策，2018(17)：98-101.

[115] 蒋军成，高电玻，张子申．我国社会养老服务体系供给侧改革：个省案例研究 [J]. 湖北社会科学，2018(4)：48-57.

[116] 睢党臣，彭庆超．“互联网 +”背景下中国城市社区智慧居家养老服务模式的构建 [J]. 新疆师范大学学报（哲学社会科学版），2018(3)：119-128.

[117] 许琳，赵明星．城市居家养老服务可获得性评价体系——基于因子分析和层次分析法 [J]. 西北大学学报（哲学社会科学版），2017(6)：63-71.

[118] 睢党臣，彭庆超．我国城市“互联网 + 社区居家养老”服务模式的构建基础分析 [J]. 社会保障研究，2017(3)：18-26.

[119] 马伟玲，王俊华．我国医养结合养老服务试点进展、存在问题及国家治理研究 [J]. 苏州大学学报（哲学社会科学版），2017(3)：24-31.

[120] 辜胜阻，吴华君，曹冬梅．构建科学合理养老服务体系的战略思考与建议 [J]. 人口研究，2017，41(1)：3-14.

[121] 贾巍杨．社区适老性评价指标体系研究初探 [J]. 城市规划，2016(8)：65-70.

[122] 沈超，邢凤梅，张小丽，等 . 老年人居家养老服务需求调查及影响因素 [J]. 中国老年学杂志，2016(13)：3288-3290.

[123] 胡小武 . 城镇化与老龄化叠加时期的中国养老模式转型 [J]. 新疆师范大学学报 (哲学社会科学版)，2016(5)：136-143.

[124] 胡刚钰，黄建中，牛强 . 老龄化背景下社区服务设施相关研究综述与启示 [J]. 城市发展研究，2016，23(2)：78-83.

[125] 王琼 . 城市社区居家养老服务需求及其影响因素——基于全国性的城市老年人口调查数据 [J]. 人口研究，2016(1)：98-112.

[126] 潘屹 . 社区综合养老服务体系建设：挑战、问题与对策 [J]. 探索，2015(4)：70-80.

[127] 李翔 . 社会嵌入理论视角下城市社区居家养老问题研究 [J]. 广西社会科学，2014(4)：131-134.

[128] 陈辉，丁艳秋 . 城市社区养老模式探析 [J]. 江苏大学学报 (社会科学版)，2014(2)：14-18.

[129] 廖楚晖，甘炜，陈娟 . 中国一线城市社区居家养老服务质量评价 [J]. 中南财经政法大学学报，2014(2)：46-50.

[130] 潘屹 . 优化整合城乡资源，完善社区综合养老服务体系——上海、甘肃、云南社区综合养老服务体系研究 [J]. 山东社会科学，2014(3)：30-39.

[131] 王涛 . 发达城市就地开发养老地产项目存在问题研究 [J]. 商业经济，2014(1)：27-28.

[132] 黄少宽 . 国外城市社区居家养老服务的特点 [J]. 城市问题，2013(8)：83-88.

[133] 成伟，陈婷婷 . 加强城市空巢老年人养老服务保障体系建设研究 [J]. 学术交流，2013(1)：147-152.

[134] 黄俊辉，李放 . 农村养老服务研究的现状与进展——基于 2001—2011 年的国内文献 [J]. 西北人口，2012(6)：67-73,78.

[135] 张奇林，赵青 . 走向全民社保背景下的社区居家养老：机遇与挑战 [J]. 武汉大学学报 (哲学社会科学版)，2012(4)：13-19.

[136] 冯晓娟 . 中国城市居家养老模式的发展 [J]. 社会科学家，2012(4)：67-70.

[137] 秋山智久 . 社会福祉の思想 · 理論と今日の課題 [M] 筒井書房，2004.

[138] 武川正吾 . 福祉社会と社会保障 [M]. 东洋经济，2004.

[139] 白波濑佐和子 . 变化す໑社会の不平等——少子高龄化にひそむ格差 [M]. 东京大学出版会，2006.

[140] 正村公宏 . 福祉国家から福祉社会まで [M]. 筑摩書房 . 2000.

[141] 城本るみ . 中国における高齢者福祉の多元化と『民』への移行 [M]. 日本社会分析学会『社会分析』, 2006.

[142] 趙冰 . 中国都市部における高齢者サービスについての研究 [M]: 地域社会における共助の視点から . 2016.

[143] 李偉萍，寺門征男 . 高齢社会の住まいをめぐるスウェーデン，アメリカ，日本，中国の取組み状況に関する考察 [M]. 千葉大学教育学部研究紀要 (0xF9C2) 人文 · 社会科学編, 2000.

[144] 石田路子 . 中国における高齢者介護サービスの現状と課題 [M]. 城西国際大学紀要, 2013.

[145] 方蘇春，富川拓，野本茂，等 . 中国における高齢者福祉の現状に関する一考察 [M]. 聖泉論叢，2019.

[146] 郭芳 . 中国における福祉の「市場化」の展開と特徴に関する考察 [M]. 社会政策，2018.

[147] 鈴木未来 . 現代中国における福祉専門職の社会的位置づけ - 高齢者福祉の囲い込み現象から [M]. 21 世紀東アジア社会学, 2019.

[148] 大原一興 . 福祉施設と制度 : 高齢者施設を例として [M]. 法政大学多摩論集，2021.

[149] 石田慎二 . 老年人福祉法制定過程における有料老年人ホームの位置づけの検討 [M]. 社会福祉学, 2018.

[150] 黄璋 . 中国における高齢者福祉政策に関する予備的考察 [M]. アジア経済，2022.

[151]Bashir B，Chabrol M，Caux C. Literature review in home care[J]. Optimization & Simulation，2012.

[152]Andrade A M，Silva K L，Seixas C T，et al. Nursing practice in home care: an integrative literature review[J]. Revista brasileira de enfermagem，2017: 210-219.

[153]Harrison M B，Keeping - Burke L，Godfrey C M，et al. Safety in home care: a mapping review of the international literature[J]. International Journal of Evidence - Based Healthcare，2013，11(3)148-160.

[154]Palumbo F，Ullberg J，Štimec A，et al. Sensor network infrastructure for a home care monitoring system[J]. Sensors，2014: 3833-3860.

[155]Bennett L，Honeyman M，Bottery S. New models of home care[M]. New York: The King's Fund，2018.

[156]Sears N，Baker G R，Barnsley J，et al. The incidence of adverse events among home care patients[J]. International Journal for Quality in Health Care，2013，25(1): 16-28.

[157]Glendinning C. Home care in England: markets in the context of under - funding[J]. Health & social care in the community，2012，20(3)292-299.

[158]Tourangeau A，Patterson E，Rowe A，et al. Factors influencing home care nurse

intention to remain employed[J]. Journal of nursing management, 2014 : 1015-1026.

[159]Rantanen T, Lehto P, Vuorinen P, et al. The adoption of care robots in home care—A survey on the attitudes of Finnish home care personnel[J]. Journal of clinical nursing, 2018 : 1846-1859.